AF390175

Técnicas para ahorrar costos en el transporte

Incluye técnicas de cálculo con vehículos y unidades de transporte

Luis Carlos Hernández Barrueco

Colección: Biblioteca de logística
Director: David Soler

Procedencia de las ilustraciones:
Archivo y fotografías del autor y:

Aeropuerto de Vitoria, 28
Archivo Marge Books, 89a
Autoritat Portuària de Tarragona, 80
Bec-car, 63
BJ Rental, 65
Cadenadesuministro.es, 20, 21
China Link, 102
Comisión Europea, 98a
Desi Shipping, 102
EBHI, 97
Francisco Fernández Sasiaín, 88b, 89a, 90b
IAEA Imagebank, 85b
img.directindustry.com, 71
Innovationlab (CC BY-SA 4.0), 68
JSV, 85a
Mercabarna, 60
Port Containers, 88a
Renault, 82a
Rodi Motor Services, 30
Schaefer, 55
Sean Hagen (CC BY-SA 4.0), 22
Searates, 101, 102
Skycargo, 101
Shipphotos.es, 98b
The Container Traders, 86a
Transportes Pereira, 66
Turkish cargo, 102
Universal Global Logistics, 102

**Técnicas para ahorrar costos en el transporte.
Aurum 2E**
1.ª edición, 2017

© 2017, Luis Carlos Hernández Barrueco
© de esta edición, incluido el diseño
de la cubierta, ICG Marge, SL

Edita: Marge Books
València, 558 – 08026 Barcelona
Tel. 931 429 486 – marge@margebooks.com
www.margebooks.com

Gestión editorial: Hèctor Soler
Edición: Cristina Torres, Alba Megías, Anna Vinyals
Compaginación: Mercedes Lara
Impresión: Safekat, SL (Madrid)

ISBN edición impresa: 978-84-16171-88-0
ISBN edición digital: 978-84-17313-02-9
Depósito Legal: B 6790-2017

El papel empleado en este libro no ha sido blanqueado con cloro elemental (Cl_2).

A Justino Hevia, maestro de maestros,
de quien aprendí muchas de las técnicas que aquí se plasman

Vale más poner un ladrillo todos los días en la realidad,
que construir la gran muralla china en los sueños.

L. Carlos Hernández Barrueco

Unidades temáticas 

Aurum 1A

Técnicas para la gestión financiera en logística

Aurum 1B

Técnicas para innovar y gestionar proyectos en logística

Aurum 1C

Técnicas de planificación industrial y gestión de existencias

Aurum 1D

Técnicas de cálculo con vehículos y unidades de transporte

Aurum 2E

Técnicas para ahorrar costos en el transporte

Aurum 2F

Técnicas operativas en almacén

Aurum 2G

Técnicas y fórmulas de estiba de las mercancías

Aurum 2H

Técnicas para ahorrar costos en operativas especiales

Índice

El autor

Luis Carlos Hernández Barrueco (Vitoria, 1972) es licenciado en Ciencias Políticas por la Universidad del País Vasco. Cursó el Máster en Dirección Logística Integral (CSG), estudios de Comisario de Averías (Colegio Oficial de la Marina Mercante) y posee otros títulos relacionados con la Dirección Logística integral, Calidad, PRL y *Management.*

Tras veinte años de desempeño en el sector logístico, tiene experiencia en todos sus ámbitos, donde ha ocupado puestos de responsabilidad en empresas multinacionales, como jefe de planta en Steco–Allibert, adjunto al director de Operaciones en Norbert Dentressangle, director de Logística y Control de la Producción en Faurecia y responsable de Logística en Levantina y Asociados de Minerales.

El autor también ejerce como profesor de Logística y ha diseñado los campus virtuales *(e-learning)* de diversas escuelas de negocios. Es una figura relevante en la educación 3.0, con el empleo de tecnologías como la realidad aumentada o simuladores, campo donde realizó el primer curso de aprendizaje en línea con Google Glass y Epson Moverio BT200.

Introducción

La logística es un área profesional que engloba el transporte, el almacenaje, la distribución de productos, la planificación industrial y, en ocasiones, incluso las compras y el aprovisionamiento. Sin embargo, es una disciplina difícil de aprender porque apenas existe formación reglada sobre estas áreas (estudios universitarios, ciclos de formación profesional o de capacitación, por ejemplo), de modo que se transmite principalmente a través de seminarios, programas o másteres no estandarizados. Por lo general, esto supone una formación diferente en cada caso y sin un criterio común sobre el contenido necesario que hay que saber para desempeñar una determinada actividad.

Por otro lado, aunque en el aprendizaje de la logística tiene una gran relevancia la práctica, la mayor parte de la formación impartida es teórica, a través de clases magistrales, con lo que no se consigue ofrecer una visión global sobre ella.

Motivados por crear una metodología de aprendizaje innovadora en el ámbito logístico, basada en la **microformación,** hemos desarrollado el método AURUM. Esta es una **metodología didáctica,** organizada para dar cohesión a los diferentes y disgregados conocimientos que se precisan para llevar a cabo las distintas funciones logísticas, y así facilitar su aprendizaje mediante una sistemática progresiva. El soporte utilizado es, preferentemente, el aprendizaje visual y físico en el que se emplean, además, las tecnologías de la información y la comunicación.

¿Qué es una destreza profesional?

Es la habilidad para realizar un proceso concreto de trabajo con eficacia y de manera correcta. Dentro de las destrezas se encuentran las técnicas, las tácticas o estrategias, la ejecución de procedimientos o protocolos y otras habilidades necesarias para la ejecución de un trabajo determinado.

En el ámbito de la logística, como en la mayoría de países no existe una formación estandarizada, los profesionales que quieran dedicarse a esta actividad se ven forzados a realizar estudios no diseñados para este propósito. Con lo cual, el rendimiento obtenido en relación con las horas invertidas es bajísimo. Esto se puede representar con la siguiente fórmula:

$$\text{Rendimiento educativo} = \frac{\text{Destrezas utilizables en un puesto de trabajo}}{\text{Horas invertidas}}$$

Ejemplo:

$$\text{Rendimiento educativo carrera cuatro años} = \frac{40}{4.800} = 0,08 \text{ destrezas/hora}$$

La mayoría de profesionales que quieren dedicarse a la logística realizan unos estudios base, con el fin de obtener un título universitario o de formación profesional, y complementan posteriormente su formación mediante masters, seminarios o programas.

Sin embargo, muchos desconocen las destrezas profesionales necesarias para desempeñar con soltura un determinado empleo. Si esto estuviese tipificado a nivel general, o de manera específica por parte de las empresas contratantes, podrían establecerse programas formativos acorde a estas destrezas, multiplicando enormemente el rendimiento formativo, que se obtiene de la división entre las destrezas utilizables y las horas invertidas.

Pero no solo hay que tener en cuenta el qué, sino también el cómo aprender. No se puede aprender algo complejo y aplicarlo magistralmente de manera inmediata, sino que hay una curva de aprendizaje. Se evoluciona desde el conocimiento del concepto hasta su ejecución práctica con destreza. Esto se puede ver representado en el siguiente gráfico:

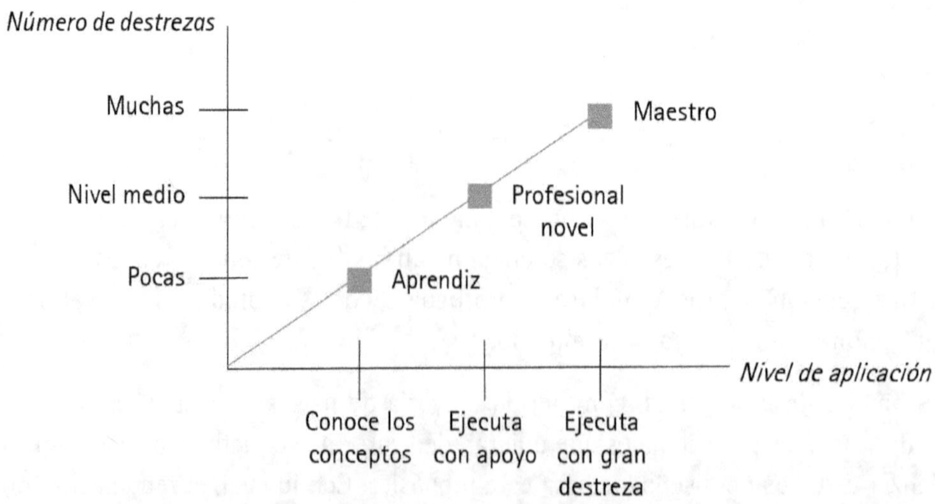

Metodología AURUM

Los conocimientos sobre logística se pueden aprender y aplicar a través de **las técnicas, las tácticas y las estrategias.** Para el estudio y el perfeccionamiento de un conocimiento es necesario potenciar las técnicas relacionadas con la visión y la práctica. Para ello, hay que apoyarse en una formación que transmita un aprendizaje de estas técnicas y que dé paso a su aplicación conjunta mediante las tácticas apropiadas. Lo que se pretende es adquirir la destreza para su aplicación y llegar a un nuevo nivel: el del pensamiento estratégico, que abre las puertas a la innovación, a la redefinición de procesos y a la mejora de todos los conocimientos adquiridos.

La metodología AURUM se desarrolla en tres fases de aprendizaje y este libro forma parte de la primera fase, la de las técnicas. La segunda fase está destinada a las tácticas, que combinan diferentes técnicas, y la tercera está destinada a las estrategias, donde se aplican los conocimientos adquiridos en una orientación determinada.

A su vez, cada fase se expone a través de áreas de conocimiento agrupadas en torno a tres ejes temáticos:

- Innovación, planificación y gestión en logística.
- Operativas de transporte y almacén.
- Ejecución y medición del servicio.

Esta edición, presentada en forma de **fichas de microformación,** está dedicada al segundo eje temático, donde se reúne un compendio de técnicas y fórmulas relacionadas con las siguientes áreas:

- Ahorro de costos en el transporte.
- Operativas en almacén.
- Estiba de las mercancías.
- Operativas especiales.

AURUM se plantea como una guía didáctica 3.0 con el apoyo de enlaces (códigos QR) con los que ampliar el conocimiento. En definitiva, AURUM es una metodología desarrollada para proporcionar las destrezas que se precisan para realizar el trabajo diario en logística.

Técnicas	Tácticas	Estrategias
Son maneras de realizar una acción o un proceso. Las más eficientes o eficaces pasan a ser *las mejores prácticas.*	Son métodos de abordar un objetivo y que conllevan la aplicación de una o diversas técnicas.	Son planteamientos que marcan la orientación general de aplicación de las tácticas y técnicas hacia un enfoque determinado.

Al final de esta introducción, se ofrece un ejercicio práctico con la finalidad de comprobar si las acciones que en él se describen, que son actividades logísticas, pertenecen al ámbito de las técnicas, las tácticas o las estrategias.

Áreas de conocimiento logístico

Las tres fases de aprendizaje de la metodología AURUM representan el conocimiento que es posible aplicar en los procesos logísticos. En estas tres fases se conectan e interactúan las áreas del trabajo diario, reunidas en torno a doce áreas de conocimiento, para facilitar su estudio conjunto.

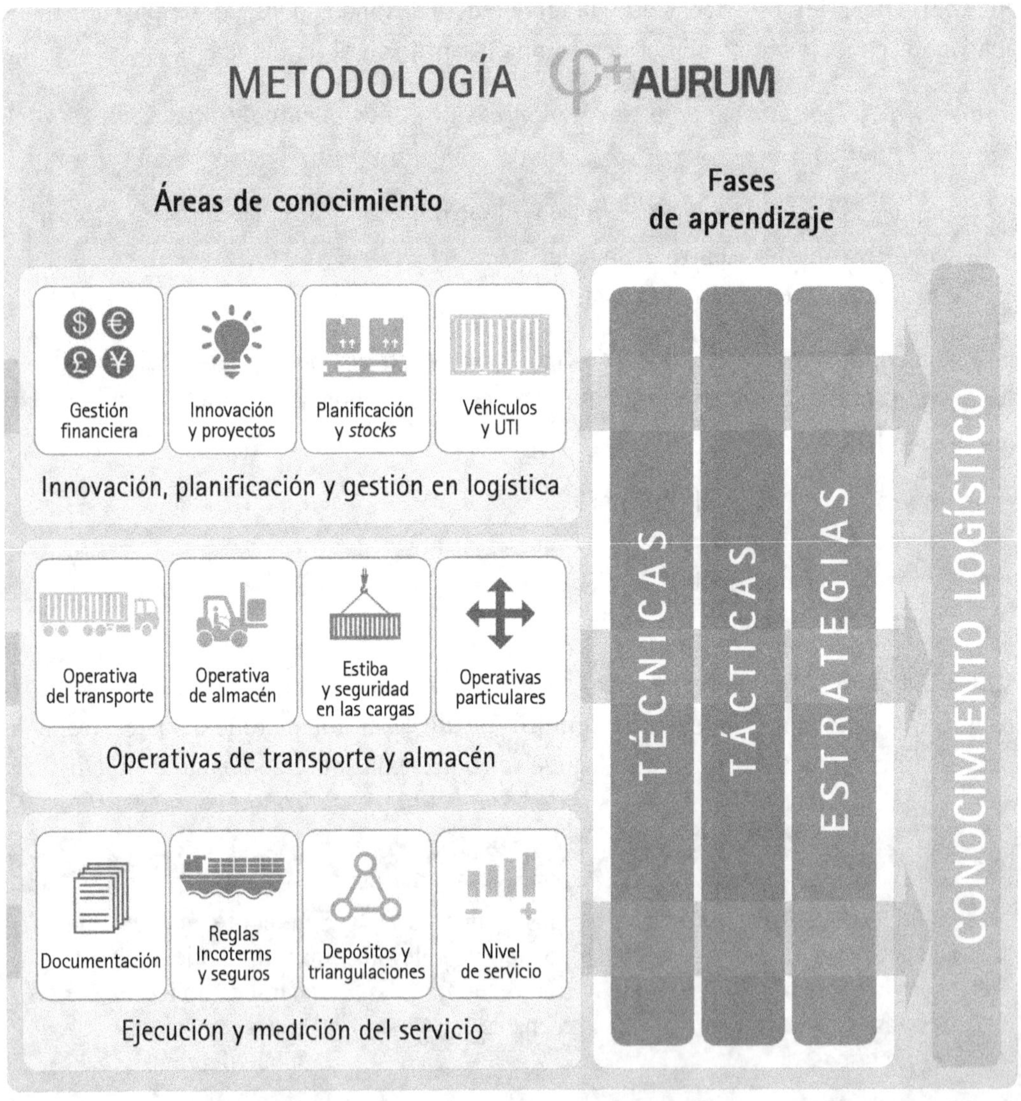

Fichas de microformación

La estructura de este libro responde a la metodología de aprendizaje AURUM. Se basa en la microformación, un sistema didáctico que permite que los contenidos se presenten en fichas independientes donde en cada una se aborda y resuelve un tema específico.

El contenido de cada ficha se presenta a su vez formando apartados que tratan la definición de cada tema, y ofrecen diferentes enfoques que facilitan la comprensión de procesos o aplicaciones y la asimilación de soluciones prácticas, ejemplos o fórmulas, entre otros aspectos clave.

Por este motivo, dependiendo de los temas que se tratan, cada ficha puede contener:

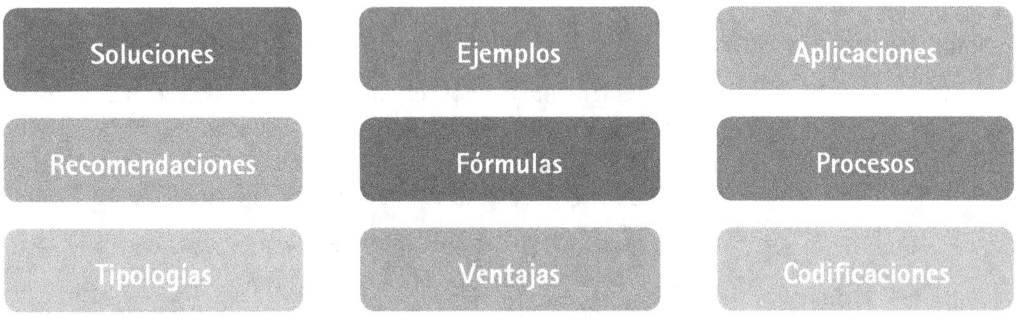

Asimismo, numerosas fichas se complementan con informaciones que permiten ampliar conocimientos específicos y enlaces a contenidos presentados en formato audiovisual:

 Información adicional de interés.

 Códigos QR con enlaces a internet.

 Las fichas de microformación presentan contenidos didácticos con un elevado nivel cualitativo. La metodología AURUM prioriza los aspectos significativos de la información y permite comprender con facilidad temáticas complejas.

Recomendaciones para la formación

Para impartir o recibir formación en cualquier área de conocimiento en logística bajo la metodología AURUM es conveniente tener en cuenta las siguientes recomendaciones didácticas:

Ítem	Metodología Aurum
Metodología didáctica	Actividades participativas
Desarrollo de la formación	El formador puede exponer las técnicas, los objetivos que se deben aprender y mostrar cómo se hace. Los alumnos deben ejecutar el proceso hasta que se alcanza el objetivo con destreza
Canales de comunicación preferente	La comunicación verbal y visual
Materiales empleados	Preferentemente objetos relacionados con las actividades que se han de desarrollar, como maquetas, realidad aumentada, realidad virtual, simuladores, tabletas, teléfonos inteligentes, ordenadores, diapositivas, vídeos, tablas, papel y gafas inteligentes
Lugar de la formación	Espacio donde se desarrollan las técnicas, tácticas o estrategias objeto de la formación. Para facilitar que los alumnos interactúen, el aula se puede disponer formando un círculo, con un objeto en el centro como, por ejemplo, una maqueta
Formato del curso	Microformación. Aprender una a una las técnicas, las tácticas o las estrategias concretas. Se pueden explicar previamente los objetos o componentes y las definiciones necesarias
Prácticas y proyectos de fin de curso	Las prácticas se pueden hacer durante la formación, sobre maquetas u otros elementos o bien sobre el terreno. Para asentar los conocimientos, se pueden realizar trabajos con objetivos reales que hay que alcanzar bajo las premisas y la supervisión del formador
Tiempo	Se pueden hacer formaciones planificadas, pero se debería centrar en torno a la formación inmediata, gracias al acceso a microcursos en línea sobre temas específicos. Algunos elementos pueden reducir el tiempo de formación necesario, como las gafas inteligentes con instrucciones que hay que visualizar durante la ejecución, por ejemplo
Medios para favorecer la retención de los contenidos	Las fichas rápidas de consulta, las técnicas nemotécnicas visuales, la práctica física, los simuladores, los microcursos o los vídeos de disposición inmediata
Valores de la formación	Sencilla, fácil, práctica y orientada hacia objetivos concretos

Indique si estos hechos son técnicas, tácticas o estrategias con una X:
(Verifique sus respuestas en la parte inferior de la tabla.)

Acciones	A. Técnicas	B. Tácticas	C. Estrategias
1 Calcular la capacidad en metros cúbicos de un contenedor			
2 Planificar la actividad de un almacén mediante ventanas horarias y turnos de ocho horas			
3 Fijar un *stock* de seguridad			
4 Orientar una empresa de transporte hacia el mercado del grupaje en Centroeuropa			
5 Realizar planes de mantenimiento preventivo para disminuir los daños por averías			
6 Cumplimentar adecuadamente una carta de porte CMR			
7 Rediseñar el sistema de distribución de una compañía basándolo en el uso de comisionistas			

Respuestas: 1-A / 2-B / 3-A / 4-C / 5-B / 6-A / 7-C

E

Técnicas para ahorrar costos en el transporte

Técnicas para ahorrar costos en el transporte

El objetivo de la gestión del transporte es optimizar la planificación, la selección y el manejo de los recursos y medios de transporte que intervienen en el proceso logístico de aprovisionamiento o de distribución.

La optimización implica conseguir la **máxima eficiencia económica** de manera continuada y sostenible en cada una de las fases del proceso de transporte.

Esto es algo que se conoce y se vive diariamente en los departamentos logísticos de las empresas que contratan los servicios de empresas transportistas. Para lograr este objetivo económico, una de las claves es **conocer y saber aplicar las técnicas** que permiten obtener los mayores ahorros de costos posibles, directos o indirectos.

Existen dos vías para la optimización de los costos de transporte:

1 **Por negociación.** Usando esta vía es posible reducir los precios o mejorar las condiciones (kilogramos, volúmenes, etc.) de las empresas proveedoras, y obtener así un ahorro en el precio por unidad transportada, que se traduce en una reducción del costo global.

2 **Por cambio operativo.** Esta vía implica la modificación de la manera de operar para conseguir un ahorro en el costo de cada unidad transportada. Al igual que en la familia anterior, existen numerosas técnicas operativas para alcanzar un mejor costo.

 En este capítulo abordaremos más de cincuenta técnicas en ambos canales:

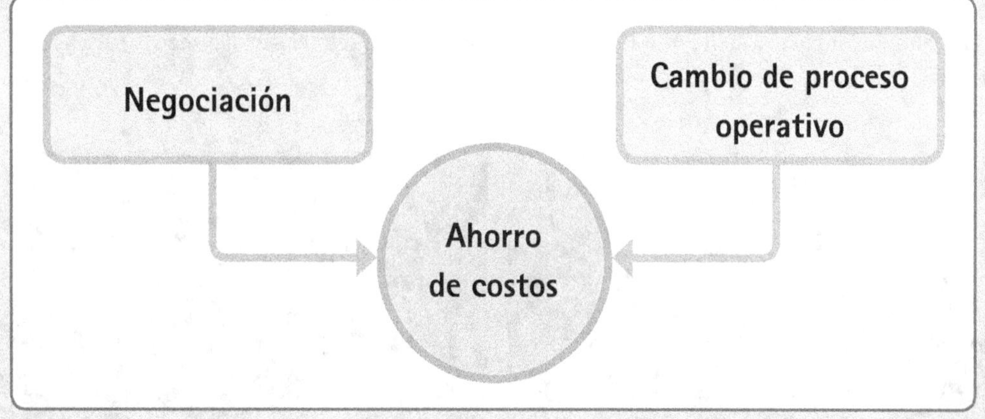

¿Qué técnicas de negociación hay para bajar los costos de transporte?

En este tipo de técnicas se discute un nuevo acuerdo con un proveedor y hay numerosas vías para poder optimizar el costo. Las veinticinco técnicas más utilizadas son:

Técnica	Descripción
Salida a *tender*	Subasta de un tráfico específico durante un periodo
Bolsa de cargas	Subasta de un viaje específico
Contrato periódico	Rebaja por otorgar seguridad de contratación durante un periodo
Incremento de volumen	Rebaja por ampliar el volumen de mercancías transportadas
Costos abiertos + porcentaje fijado	Se trabaja en costos al descubierto, pactando un precio mínimo
Tarifa fija *(forfait)*	Se opta por una tarifa plana o *forfait* para evitar variaciones
Inclusión de fórmulas de riesgo	Se introducen fórmulas de precio fijo más variables (recargos) que eviten riesgos a las partes
Contratación separada de costos	Se desglosa un servicio y se separan costos especializados (transporte, carga, descarga, etc.)
Traslado de mejores precios a proveedor	Se da acceso al proveedor a mejores precios en telefonía, gasóleo, entrega de pagarés, etc.
Asumir costos del proveedor	Se asumen algunos costos del proveedor (combustible, telefonía, etc.)
Incremento del horario o plazo	Rebaja por otorgar mayor horario o plazo para realizar operaciones
Aseguramiento ida + vuelta	Rebaja por ofertar idas más retornos, reduciendo ineficiencias

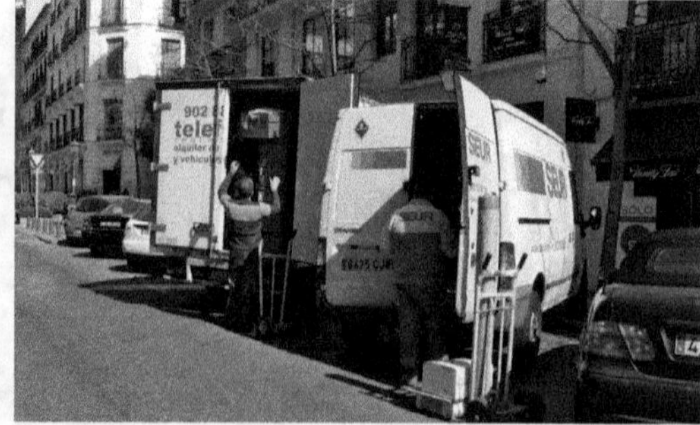

Técnica	Descripción
Mejora plazo de pago	Rebaja por otorgar un plazo de pago más reducido
Rebaja por planificación	Rebaja por planificar con la precisión y la anticipación requeridas
Inclusión en paquete mayor	Rebaja por incluir el transporte en una prestación mayor (externalización, etc.)
Rebaja por coordinación estratégica	El proveedor otorga una rebaja adicional por adquirir mayor volumen en una determinada área o servicio
Enrutar transitario por rebaja	Se obtiene una rebaja en un tramo de un recorrido internacional porque la misma empresa transitaria es contratada para el resto de tramos
Reducción por regla Incoterms	La empresa exportadora reduce el costo pactando una regla Incoterms donde el cliente asume una mayor parte del costo del transporte
Rebaja por reducción de requisitos	Se reducen los requisitos (flota propia, caballetes, equipos de protección personal, etc.) a cambio de una rebaja en el precio
Rebaja por eliminación de conceptos	Se reducen precios porque el proveedor integra conceptos en su precio (seguro, carga, etc.)
Contratación por horas o días	Negociación de un precio más bajo por contratación por horas o días
Contratación por toneladas/m^3 o m^2	Negociación de un precio más bajo por ajustarse a las unidades transportadas realmente
Contratación por €/km	Negociación de precios por kilómetro recorrido
Imposición de precio	Comunicado al proveedor de una rebaja de precio por imposición
División óptima de tramos	Rebaja del precio al segmentar el transporte en tramos negociables individualmente.

¿Cómo se negocia un concurso de transporte en línea *(tender)*?

Se denomina concurso de transporte en línea o *tender* al método por el que una empresa cargadora solicita ofertas para un determinado volumen de servicios de transporte a través de **plataformas informáticas especializadas.** Las empresas de transporte inscritas o invitadas interesadas presentan sus propuestas, hasta que se cierra el concurso y se anuncia el ganador.

Ejemplo

Un volumen de transporte podría ser:

215 portes de 21 toneladas
entre Miami y Orlando durante un año

Pasos

Es semejante a una gran subasta en la red. Es aconsejable aplicar este método para servicios sin excesiva complejidad o necesidad de conocimientos previos, que faciliten la entrada de nuevos proveedores. Estos proveedores pueden suponer un riesgo que se ha de valorar y prever. Pasos que se deben seguir:

1. Recopilar información sobre los volúmenes actuales de transporte y sus costos.
2. Fijar el objetivo de costos que se quieren conseguir.
3. Seleccionar al proveedor de la plataforma para el concurso en línea y recibir la formación sobre el uso de la utilidad web, junto con el departamento de compras.
4. Planificar las fechas para la realización del concurso en línea y su puesta en marcha.
5. Crear las plantillas y el material informativo necesario para cotizar, identificando los contactos internos disponibles para consultas.
6. Lanzar el concurso en línea, programando el método de valoración.
7. Al finalizar se recibirán los resultados y se podrá realizar una primera valoración y preselección de las empresas finalistas.
8. Es recomendable realizar una última ronda de negociaciones de manera directa, para rematar y asignar los contratos, comunicándolo a todos los participantes

Ejemplo de plataformas para lanzamiento de *tender:*

https://www.ticontract.com/es/
https://www.timocom.com/Sistema-de-concursos

Contratación mediante bolsas de cargas. Proceso y ventajas

Las bolsas de cargas son plataformas informáticas que operan en línea, especializadas en la **oferta o búsqueda de mercancías para transportar.** Normalmente son de pago y en ellas confluyen un gran número de empresas cargadoras y transportistas, aunque también hay algunas dirigidas por multinacionales para sus colaboradores y clientes.

- Las empresas transportistas pueden anunciar vehículos dispuestos para viajar, retornos desde puntos de destino, buscar colaboradores, etc.

- Las empresas cargadoras pueden ofertar cargas o buscar transporte para cargas específicas.

Ejemplo

Porte desde París a Hamburgo, 24 t, 33 palés europeos, 21 de septiembre.

Ventajas

1 Es un sistema que facilita la búsqueda de cargas para viajes de ida o de retorno, tanto para las empresas transportistas como para las cargadoras.
2 Permite conocer qué empresas suelen tener disponibilidad en determinadas zonas, pudiendo llegar a acuerdos más sólidos.
3 En muchos casos, para darse de alta en la bolsa de cargas, se exigen informes financieros, que reducen la posibilidad impagos a las empresas transportistas.
4 En otros casos, la bolsa de cargas garantiza incluso el pago de los transportes.
5 Es un sistema muy ágil, que pone en contacto a una gran cantidad de potenciales clientes y proveedores de manera inmediata.
6 Reduce tiempos y kilómetros en vacío en el transporte.
7 Permite filtros de información muy útiles para optimizar resultados.

Ejemplos de bolsas de carga:

wtransnet	http://www.wtransnet.com/es/	
Teleroute	http://teleroute.es/es_es	
TimoCom.	http://www.timocom.es/	

TRANS.EU	http://www.trans.eu/es/bolsa-de-cargas
rutanet	https://www.rutanet.com
cargasycamiones.com	http://www.cargasycamiones.com

¿Cómo negociar directamente mediante un contrato periódico?

Se entiende por contrato periódico de transporte una modalidad de acuerdo entre personas jurídicas (empresas, profesionales autónomos, etc.), mediante la que una empresa cargadora asigna a una transportista unos **determinados volúmenes de servicio durante un periodo** de tiempo. Se firma bajo unas condiciones particulares, que deben estar enmarcadas en las normas comerciales generales fijadas por cada Estado.

Ejemplo

Contrato de servicio de transporte de mercancías por carretera entre Colombia y Venezuela durante 2018 entre la empresa A y la empresa B.

Ventajas

Esta fórmula permite a la empresa transportista prever unos medios y unas operativas con las que trabajar para maximizar su beneficio, a pesar de realizar un esfuerzo en adecuar el precio.

Pasos

1. El ofertante puede presentar una propuesta de contrato a una o varias empresas, fijando un concurso abierto (subasta), cerrado (presentación de ofertas cerradas y asignación a la mejor), o establecer una negociación directa con una o varias empresas hasta obtener las ofertas y seleccionar la de mayor interés.
2. Una vez definida la ganadora del contrato, se suscribe un contrato mercantil en el que, como mínimo, debe fijarse:

   - Partes que suscriben el contrato y sus datos.
   - Objeto del contrato y condiciones generales.
   - Política de uso.
   - Precio del servicio, condiciones económicas y de facturación.
   - Duración del contrato.
   - Acuerdo del nivel de servicio y garantías.
   - Opciones de modificación.
   - Régimen jurídico aplicable.

¿Cómo negociar usando el incremento del volumen de compra?

Una fórmula muy empleada por las empresas cargadoras es ofrecer a las proveedoras de transporte un **aumento en su volumen de negocio** a cambio de una rebaja en el precio o una mejora de las condiciones.

Esta técnica suele aplicarse cuando:

1. Existe satisfacción con el servicio de la empresa proveedora actual.
2. Son necesarios nuevos ahorros, pero está vigente un contrato que no se puede modificar, salvo que ambas partes estén de acuerdo.
3. Se quiere extender el buen hacer de un proveedor a otras zonas o servicios.
4. Se desea añadir alguna mejora, como la rotulación personalizada de los vehículos sin un costo extra, por ejemplo.

Contenido

El contenido del acuerdo puede variar en función de diversos factores:

Formato
- Aceptación y firma de una oferta de la empresa transportista.
- Firma de un contrato.
- Acuerdo verbal, sin registro.

Tipo de descuento
- Aplicación de nuevos precios optimizados desde el comienzo.
- Aplicación de porcentajes después de alcanzar metas.

Duración
- Periodo específico, entre fechas.
- Hasta fin del servicio, al alcanzar volúmenes o hitos fijados.
- Indefinida, hasta la orden de la empresa cargadora o la comunicación de fin de servicio por parte de la transportista, en un plazo que se haya estipulado.

Modificación
- Se pueden introducir cláusulas de actualización automática, como la variable del combustible, un incremento según el índice de precios de consumo (IPC), etc.
- Es posible incluir sanciones o bonificaciones.
- Pueden fijarse condiciones para rescindir el contrato a cambio de indemnizaciones económicas u otras contraprestaciones.

¿Cómo negociar a costos abiertos más beneficio fijo?

La negociación a costos abiertos, también conocida como *open book*, es muy valorada por las empresas cargadoras, ya que permite **desglosar los componentes del costo** de un servicio de transporte y fijar un porcentaje o margen de beneficio fijo para la proveedora. Para utilizar esta técnica hay que tener una cierta experiencia profesional y conocimiento del mercado, lo cual puede limitar su aplicación y conferir una ventaja competitiva a quienes saben aplicarla. Es una técnica contraria a la negociación a tarifa fija **(ficha E7).**

Ejemplo

Negociación de un 8 % de margen sobre un precio FOB, es decir, el precio de la mercancía en el punto de salida del país desde donde se exporta, cargada en el medio de transporte:

Total FOB Madrid – Valencia	
Concepto	Precio
THC, cargos en la terminal	170 €
B/L, conocimiento embarque	55 €
Gestión logistica	5 €
ISPS, seguridad portuaria	10 €
Tasa de muellaje	70 €
Transporte Madrid – Valencia	550 €
Despacho	50 €
Subtotal	910 €
Margen para transitaria (8 %)	73 €
Subtotal	**983 €**

Ventajas

- Se genera un espíritu de confianza entre cliente y proveedor.
- Si el proveedor baja sus costos, repercute la bajada inmediatamente en el cliente.
- Se fijan márgenes racionales.
- El proveedor puede transmitir también una subida de costos, con lo que ya no está a merced del mercado para obtener un beneficio. Siempre gana.
- Esta técnica permite conocer los componentes del costo, lo cual da pie a trabajar, caso a caso, para implementar medidas que reduzcan los costos individuales para bajar el precio global.

Uso

Se aplica mediante una solicitud de recibir ofertas o propuestas de contrato, en las que la fórmula de precio sea a costos abiertos más un porcentaje de margen comercial por la gestión de la empresa de transporte.

El acuerdo debe reflejar también fórmulas de comprobación y auditoría de los costos, para verificar que, efectivamente, estos son los reales. Estas fórmulas pueden ser, por ejemplo: añadir las facturas de compra de un servicio, llevar un registro común de costos, etc. También es aconsejable fijar unas cláusulas o precios máximos, para buscar otras opciones si se llega a un determinado costo.

¿Cómo negociar a tarifa fija?

La tarifa fija, también conocida en el sector del transporte como *forfait*, permite que **la empresa transportista siempre cobre lo mismo por un determinado servicio,** aunque suban o bajen sus costos e independientemente del volumen de servicio contratado. Es una técnica contraria a la negociación a costos abiertos **(ficha E6).**

Ejemplo

CIF Algeciras-Miami: 990 € × contenedor de 20 pies

Sugerencia

En transporte marítimo, suele ser mejor negociar a costos abiertos ya que hay conceptos, como el despacho de aduana o el conocimiento de embarque, que se cobran una sola vez por partida, y si se empleara una tarifa fija se cobrarían en cada contenedor.

Ventajas

El uso de una tarifa fija suele ser ventajoso para el cliente cuando:

- Se prevé una subida de costos (gasóleo, fletes, incremento del índice de precios al consumo, etc.) y se quiere evitar que ello impacte en el precio.
- No posee mucho volumen de carga y recibe una oferta de precio por debajo del promedio que está obteniendo habitualmente.
- Va a incluir los portes en una venta y necesita disponer de un precio fijo con bastante antelación para incluirlo en la cotización.
- Desea dar a un proveedor la posibilidad de que mejore su beneficio si mejora su productividad u operativa, como estrategia de motivación hacia el proveedor.

¿Cómo negociar mediante la inclusión de fórmulas de riesgo?

En ocasiones, una negociación se atasca a causa de la inestabilidad de los mercados y precios. En ese caso, la empresa proveedora ha de poner una validez muy corta a su oferta, o un precio alto a medio y largo plazo. Para desbloquear la situación se puede proponer un precio aceptable para ambas partes y **añadir una actualización periódica** en función de la evolución de los costos u otros factores que puedan repercutir en el servicio de transporte.

Ejemplo

En muchos modos de transporte existe una actualización o un ajuste de precios en función de la evolución del costo del combustible.*

*El ajuste de combustible lo aplican en las tarifas las compañías de transporte por el incremento o descenso del precio del combustible, según el día en el que se efectúa la carga, expresado en porcentaje o como importe fijo por TEU transportado.

Uso

Las fórmulas de riesgo son aquellas que se aplicarán para actualizar un precio al llegar a una situación determinada (incremento del índice de precios al consumo o de otros indicadores, como el Euribor, etc.). En su aplicación, es conveniente tener en cuenta los siguientes aspectos:

- Es aconsejable que siempre queden escritas en un contrato, lo que permite una mayor extensión que las ofertas por escrito más condiciones.
- Una vez firmado el acuerdo, es importante cumplir los plazos de su revisión y comunicar la situación (si hay variación o no) en unos periodos fijos.
- Uno de los aspectos significativos que se han de plasmar por escrito es cuándo se aplicarán las tarifas con la variación. Por ejemplo, si el precio varía el 1 de marzo, ¿se aplican desde ese día?, ¿al siguiente?, ¿cuando se comunique? Hay que dejarlo claro para evitar conflictos y controversias entre cliente y proveedor.
- Cuando hay variaciones, hay que cambiar de inmediato las tarifas en el sistema de gestión de la empresa (ERP) para evitar descuadres con las facturas que se emitan o se reciban.

Ejemplo de suplemento de combustible

¿Cómo negociar mediante la contratación separada de costos?

Esta técnica se aplica cuando el servicio que se ha de contratar **se segmenta en tramos o conceptos** que pueden concertarse, de manera individual, con más de un proveedor. De esta manera, es posible buscar la empresa más especializada y competitiva en un determinado servicio, unificar volúmenes de otros servicios que estén asignados a otros proveedores, etc.

Ejemplo

Utilizando una regla Incoterms FOB, se puede contratar el transporte hasta o desde el puerto a una empresa transportista distinta de la transitaria o naviera. De este modo, es posible agrupar volúmenes y fidelizar el servicio de transporte.

Esa técnica sería el equivalente a eliminar la función de una empresa contratista de la construcción para trabajar directamente con los oficios subcontratados.

- Al ocupar la figura de la mayorista, se elimina su margen.
- Se conoce mejor a las empresas subcontratadas y es posible aglutinar volúmenes de varios servicios para obtener mejores condiciones.
- Conocer la figura de las empresas proveedoras permite integrarlas mejor en los sistemas internos (calidad, prevención de riesgos laborales, etc.).

Pasos

Para aplicar esta técnica, la empresa contratante debe seguir el siguiente proceso:

1. Desglosar el servicio que se ha de analizar en partes que puedan ser negociadas por separado.
2. Analizar individualmente qué precio se puede conseguir para cada uno de los conceptos individuales.
3. Comparar si es mejor contratar el transporte con «todo incluido» o la opción de contratar individualmente cada concepto.
4. Proceder con la opción que resulte globalmente más ventajosa.

¿Cómo negociar mediante el traslado de mejores precios al proveedor?

Puede suceder que la empresa contratante sea de mayor dimensión que la transportista a la que contrata y disponga de mejores precios que esta en conceptos significativos, como combustible, seguros o telefonía, por ejemplo. Si las proveedoras de estos servicios lo permiten, la empresa cargadora puede proponer a la transportista la oferta de **extenderle sus tarifas más ventajosas** a cambio de una rebaja en los portes.

Ejemplo

A cambio de un 5 % de descuento en la tarifa, un operador logístico subcontrata a un transportista, extendiéndole sus tarifas en la compra de neumáticos y combustible, y en la contratación de telefonía, seguros de vehículos y mercancías, reparaciones, alquiler de vehículos, tiques de restaurante y hoteles.

A muchas pymes del transporte les cuesta mucho conseguir buenos precios. Trabajar para grandes compañías suele ser duro, pero a veces es una buena estrategia para conseguir tarifas de servicios que se pueden aplicar a toda la flota.

Pasos

El traslado de precios se hace mediante acuerdos previos de la empresa contratante con sus proveedoras de servicios, para extender sus condiciones a los proveedores de transporte. El modo en que se puede hacer llegar estas ofertas a la empresa transportista suele ser:

- A través de correo electrónico, en forma de propuesta.
- En las negociaciones comerciales y posterior contratación de servicios, como parte de las condiciones generales.
- En entrevistas directas para comentar las ofertas y estudiar el interés.

¿Cómo negociar mediante la asunción de costos del proveedor?

Es una técnica mediante la cual la empresa contratante de servicios de transporte asume el costo de **la compra o el alquiler de algunos de los materiales, útiles o vehículos** que precisa la empresa transportista para realizar el servicio, a cambio de una rebaja en el precio final.

Ejemplo

Una empresa extractora de mármol contrata a diversas empresas de transporte para el traslado de bloques de mineral, pero solo contrata la tractora al enganche, de modo que los semirremolques, las maderas, las cintas de amarre, las cantoneras, etc., corren por cuenta de la empresa contratante. El precio final total es menor que el que hubiese supuesto la contratación de todos los elementos a las transportistas.

Uso

Esta técnica suele aplicarse cuando:

- El transporte requiere invertir en equipos o útiles especiales y la empresa cargadora no quiere firmar acuerdos a medio o largo plazo. Por este motivo, realiza ella misma la inversión y así puede suscribir contratos de menor duración.
- Los medios o útiles puedan ser utilizados por varias empresas subcontratadas, de modo que se obtenga un mayor ahorro que si los emplea una sola.
- Se trabaja con proveedores con poca capacidad económica pero un buen precio. Para asegurar la relación comercial, la empresa contratante soporta algunos gastos.
- Hay que personalizar los vehículos y la porteadora no pueden usarlos fuera de la relación con la empresa contratante. Así que esta los asume.
- La empresa contratante obtiene alguna ventaja comercial o financiera si adquiere vehículos o útiles, por ejemplo por bonificaciones fiscales.

Negociar usando el incremento horario en la carga o en la entrega

Es un tipo de negociación por el cual la empresa contratante aumenta el horario o plazo para la carga o la descarga de la mercancía en sus instalaciones a cambio de una rebaja en el flete.

Ejemplo

Órdenes de carga en las que la fecha de carga y entrega no son una fecha u hora concretas, sino plazos como estos:

- Recogida: entre el 3 y 8 de abril de 2018 (tardes).
- Entrega: entre el 4 y 9 de abril de 2018 (mañanas).

Se aplica cuando la empresa cargadora acostumbra a demandar un servicio de transporte sin aviso previo, con perjuicio para la transportista. Si este tipo de ampliación en los plazos supone una ventaja para esta última, pueden pactarse las nuevas condiciones a cambio una rebaja.

Es habitual que la empresa transportista deje contenedores o cajas móviles a la cargadora para irlos recogiendo, una vez cargados, cuando más le convenga.

Uso

Esta técnica se puede aplicar de muy diferentes maneras:

- Si se hace mediante la petición de ofertas a varias empresas y la emisión de una orden de carga puntual, basta con poner los plazos de carga y de entrega en la petición de cotizaciones y en las órdenes de carga.
- Si se ha suscrito un contrato de servicios, estos plazos debe reflejarse en las condiciones generales del servicio.
- Si la contratación se hace mediante un concurso *tender*, hay que reflejar este punto en las condiciones generales del servicio y en las observaciones, indicando que es un apartado favorable a la empresa transportista.
- Si se hace la contratación mediante una bolsa de cargas, hay que tener en cuenta que estas no suelen tener casillas especiales para plazos tipo 7-10 de mayo, sino que sus casillas son del tipo «fecha de carga» o «fecha de entrega». Por ello, suele ponerse las fechas de recogida y entrega más lejanas e indicar las condiciones específicas en el apartado de observaciones.

¿Cómo negociar mediante el aseguramiento de la ida y el retorno?

Uno de los mayores quebraderos de cabeza para las empresas de transporte es la búsqueda de retornos. En muchas ocasiones, estas se ven forzadas a aceptar precios muy bajos –llegando incluso a no cubrir ni los costos del combustible– para poder volver a la zona de la base operativa. Por este motivo, una técnica de negociación consiste en ofrecer a la empresa transportista **la ida y el regreso en un mismo servicio,** a cambio de una rebaja sobre la tarifa individual que hubiesen tenido ambos portes.

Uso

Esta técnica suele emplearse en la gestión del transporte para coordinar y combinar las entregas de productos acabados y materias primas para lograr un ahorro.

- En la práctica, la empresa cargadora suele organizar las áreas de aprovisionamiento, planificación o tráfico por zonas de recogida y de entrega. De este modo, todas las cargas y entregas que se concentran en una determinada zona pueden ser realizadas por una misma persona. Así, si esta tiene una visión global de todo lo que hay que recoger y entregar es posible negociar un mejor precio de ida y vuelta.
- La consecución del ahorro viene por la solicitud de cotización, si se trata de carga puntual, o si se puede incluir en las tarifas o contratos que se pacten.
- Hay una norma no escrita por la cual, si se ofrece un viaje de vuelta a una empresa transportista, esta aplicará un descuento del 25 % sobre el precio estándar de la vuelta. La excepción es el tráfico de contenedor cuando hay importación. En este caso, se puede llegar al 50 % de descuento si, cuando se descarga un contenedor, se vuelve a cargar de vuelta. Ello se debe a que se ahorra un trayecto de recogida del contenedor en el puerto.

¿Cómo negociar mediante la mejora del plazo de pago?

La obtención de una reducción por ofrecer una mejora en el plazo de pago consiste en ofrecer **la posibilidad de acortar el plazo de cobro de la empresa transportista,** a cambio de un pequeño descuento que suele estar en torno al 1,5 % por cada 30 días de adelanto, aunque esto varía mucho según el país.

En el caso de aquellos países con una inflación muy alta, este porcentaje puede superar el 10 %.

Ejemplo

- Supongamos que un transportista cobra a 60 días y tiene una tarifa de 950 € por un porte de camión completo entre Coruña y Valencia.
- La empresa contratante podría negociar con él un descuento de un 3 % (21,5 €) por pagar en el plazo de una semana, con lo que el porte se quedaría en 921,5 €.

Ventajas

A la empresa transportista que descuenta pagarés u otras formas de pago, con frecuencia le compensa aplicar este tipo de descuentos, porque le son más favorables que las comisiones que le cobran los bancos por avanzarle el dinero.
La cargadora obtiene un mejor precio y, si tiene liquidez, puede llegar a obtener un mayor beneficio pagando antes que los intereses que pudiese haber obtenido por depositar ese dinero en el banco.

Recomendación

La estrategia de pagos debe ser siempre consensuada y diseñada en coordinación con el departamento responsable de la tesorería. Siempre que se cambie la forma de pago en operaciones puntuales hay que comunicarlo a tesorería y modificarlo en el sistema de gestión de la empresa para evitar problemas cuando llegue la factura.
En general, es aconsejable una reunión anual entre octubre y noviembre, que es cuando suele prepararse el presupuesto del año siguiente, para fijar la estrategia de pago, los límites, las formas de pago y otras variables.

¿Cómo negociar una rebaja por planificación?

Esta técnica de negociación consiste en que la empresa cargadora se compromete a establecer un **sistema de planificación en el transporte,** de común acuerdo con la transportista, a cambio de una rebaja en el precio del mismo.

Ejemplo

La planificación del transporte a través de ventanas temporales fijas o con suficiente anticipación por parte de las plataformas logísticas de distribución facilita que la empresa transportista pueda optimizar su programación. Con ello consigue hacer menos kilómetros en vacío, reducir el consumo de combustible, aprovechar el tiempo permitido de conducción continuada, maximizar la facturación del vehículo o buscar clientes fijos que se complementen con el tráfico previsto.

La petición de servicios no planificados supone un reto para las empresas de transporte, que deben actuar sobre la marcha, guardando vehículos «por si los solicitan» y buscándoles cargas baratas al final del día si finalmente no llega una petición.

Uso

En la aplicación de esta técnica hay obligaciones para las partes cargadora y transportista, ya que el objetivo final es optimizar el rendimiento del vehículo y de los equipos humanos empleados a través de una mejor planificación:

La empresa cargadora

- Informará a la transportista de unas previsiones «blandas» a medio plazo sobre las cargas o descargas que prevé realizar durante un periodo. Analizará las rutas, los horarios y otras informaciones de interés relativas a la operativa de sus proveedores.
- Planificará las cargas y descargas dentro de las horas y días óptimos para la transportista, a fin de que esta optimice sus recursos.

La empresa transportista

- Informará de sus horarios, origen y destino a la cargadora, para que esta tenga una visión clara de cuándo tienen tiempos muertos o desaprovechados.
- Recibirá la información de la cargadora y organizará sus vehículos para optimizar sus recursos, cargando las mercancías en las franjas óptimas.

¿Cómo negociar incluyendo la compra en un paquete mayor

La técnica de incluir la negociación sobre transporte en un paquete mayor es una variante de la técnica del incremento de volumen de compra **(ficha E5).** Consiste en que la empresa contratante oferte a la empresa de transporte la **realización de otro tipo de servicios, diferentes a los del transporte** (esta es la diferencia con el incremento del volumen de compra), con el fin de incrementar el volumen de negocio y obtener una rebaja.

Ejemplo

Las empresas de trabajo temporal o las proveedoras de servicios externalizados suelen estar muy interesadas en propuestas de este tipo. Ellas mismas pueden ofertar posibilidades de colaboración con la empresa contratante en cuanto a servicios tan diferentes del transporte como el envasado de productos, la seguridad, la jardinería o el mantenimiento de instalaciones, por ejemplo.

Uso

Para aplicar esta técnica, la empresa contratante debe seguir el siguiente proceso:

1. Estudiar qué tipo de servicios puede añadir al paquete mayor. Los servicios pueden ser logísticos o no, por lo que es recomendable que este análisis sea realizado por los departamentos implicados y con capacidad de decisión final (en particular los departamentos de recursos humanos).
2. Fijar unos criterios y metas claras y precisas con las que realizar las negociaciones, para que luego estas puedan llegar a buen fin cuando sean valoradas por los departamentos afectados.
3. Seleccionar candidatos de perfil integral (operadores logísticos, especialistas en gestión integral, etc.) y presentarles una propuesta de cotización.
4. Una vez decidida la mejor oferta entre los diversos departamentos, firmar un contrato de servicios, con un plan de puesta en marcha y el detalle necesario

¿Cómo negociar una rebaja por coordinación estratégica?

La obtención de rebajas a cambio de una coordinación estratégica entre la empresa cargadora y la transportista es una técnica que sirve para que esta última pueda **introducirse o posicionarse en un determinado sector** gracias a dicho acuerdo.

Ejemplo

Un operador ferroviario quiere consolidar una nueva línea regular. Como inicialmente tiene muchos huecos, decide operar muy por debajo de costo con algunos clientes para que el arranque con un precio bajo sea un estímulo. Los clientes se benefician de un transporte muy barato.

Uso

El proceso que se debe seguir para aplicar esta técnica, es el siguiente:

- La empresa de transporte suele dar el primer paso, ya que es quien realmente marca la estrategia para crecer en un sector, o quien está dispuesta incluso a perder dinero durante la curva de aprendizaje a cambio de introducirse en un negocio.
- Tras un primer contacto, la empresa contratante deberá valorar si compensa educar y facilitar el trabajo de la empresa de transporte a cambio de un descuento durante un tiempo.
- Si acepta, ambas empresas deberán realizar una concienzuda planificación para formar a los equipos profesionales, preparar los medios y desarrollar la operativa logística que permita conseguir un nivel de servicio adecuado.
- En este tipo de casos, la empresa contratante deberá intentar conseguir unas condiciones comerciales con una validez lo más lejana posible, para disfrutar de ellas aun cuando la empresa de transporte empiece a conseguir sus objetivos.

¿Cómo obtener un descuento por enrutamiento del transportista?

El enrutamiento de la empresa transportista es una práctica que se aplica cuando el porte se asume en dos tramos, uno por la empresa expedidora o proveedora y otro por su cliente. Esta última asume el porte principal pero obliga a la expedidora a contratar a su transportista como parte del acuerdo. El ahorro para el cliente consiste en que la **transportista le aplica un descuento en su tramo, que repercute a la expedidora** en un precio más elevado en la parte que le toca pagar.

El enrutamiento se convierte en una mala práctica si no se pacta de común acuerdo. Por ello es aconsejable fijar un precio máximo de transporte en el contrato de compraventa.

Ejemplo

El costo habitual para un porte desde un proveedor con sede en Madrid hasta Veracruz es:
a) Flete Madrid - Valencia: 250 € (proveedor).
b) Puerto Valencia - Veracruz: 1.200 € (cliente).
El proveedor ha aplicado el margen de descuento máximo posible en la mercancía, pero el departamento de compras del cliente ha logrado que, además, acepte pagar algo más en el porte, quedando así:
a) Flete Madrid - Valencia: 450 € (proveedor).
b) Puerto Valencia - Veracruz: 1.000 € (cliente).
Gracias al enrutamiento del proveedor, el cliente ahorra 200 €.

Uso

Se suele usar cuando una empresa proveedora, por normas internas, no puede aplicar un mayor descuento sobre un producto, pero tiene margen comercial para asumir un costo superior sobre el transporte que paga.
En este caso, es posible pactar entre las partes proveedora y cliente una condición de entrega –regla Incoterms– en la que la primera acepte realizar el tramo que le corresponde con la transportista que designe la cliente, por un precio algo mayor que el que hubiese pagado habitualmente.
En tal caso, la empresa transportista ha de asumir que lo que a la proveedora le cobre de más lo ha de repercutir a la cliente como rebaja en la parte que le corresponda.

¿Cómo se obtiene una rebaja por cambio de la regla Incoterms?

La reducción del costo de transporte por cambio de la regla Incoterms previamente acordada cobra sentido cuando una de las partes, compradora o vendedora, puede acceder a unas condiciones más ventajosas en un determinado tramo o concepto del recorrido. Este factor puede hacer decidir, de común acuerdo entre ambas partes, el cambio de la regla Incoterms para conseguir una reducción del costo total del transporte que se aplica a la factura.

Para aplicar esta técnica, **clientes y proveedores deben comunicarse los costos de transporte abiertamente** y utilizar esta información para lograr mejores precios en el conjunto del porte

Las reglas Incoterms expresan las obligaciones y los derechos que aceptan las partes compradora y vendedora en cuanto a las distintas fases del proceso de transporte elegido y las condiciones acordadas para la entrega de las mercancías. El punto de entrega varía y puede ir desde el propio domicilio de la empresa expedidora (reglas EXW o FCA, por ejemplo) hasta el destino final que determine la cliente (regla DDP).

Ejemplo

Un cliente de Jalisco (México) compra en Manzanillo doce toneladas de rodamientos por valor de 40.000 $, a lo que hay que sumar 1.000 $ por el transporte en condiciones FCA Colima (ciudad situada entre Jalisco y Manzanillo). El transporte desde Manzanillo a Colima costaría 850 $. En esta ciudad se transbordaría la mercancía a un camión enviado por el cliente, quien asumiría un costo de 150 $ por el transbordo, más el del transporte desde Colima hasta Jalisco, de 900 $. El precio total del transporte sería de 1.900 $.

La empresa proveedora ofrece al cliente venderle los rodamientos en condiciones DDP (entregado en destino) por valor de 1.600 $ (a ella le costaría 1.400 $), con lo que el cliente ahorraría 300 $, y la empresa proveedora ganaría 200 $ por realizar el transporte.

Para aplicar esta técnica, clientes y proveedores deben comunicarse los costos de transporte abiertamente y tratar de usar esta información para lograr mejores precios en el conjunto del porte.

¿Cómo negociar una rebaja por cambio de requisitos?

Se trata de una técnica de negociación que consiste en **simplificar, eliminar o modificar determinados conceptos o requerimientos** solicitados habitualmente en la cotización del transporte de mercancías, para que el precio de este pueda reducirse.

Ejemplo

Una empresa de prefabricados de hormigón siempre ha contratado a transportistas que dispusiesen de caballetes metálicos para soportar los paneles de hormigón durante el transporte.

Pero decide comprar sus propios caballetes y contratar a transportistas más baratos a los que prestar estos elementos.

Luego, mediante un sistema de logística inversa, los recupera, con lo que consigue que el conjunto de los costos sea menor.

Uso

Para aplicar esta técnica, la empresa cargadora debe seguir el proceso siguiente :

1. Se analizan y describen los requisitos que se exigen a la empresa porteadora, así como el posible suplemento que nos cobra por ellos y el costo que estos tienen individualmente en el mercado.
2. Se estudian alternativas de contratación por separado, mediante sistemas de compra o alquiler, para cada uno de estos conceptos.
3. Se comparan las distintas posibilidades y, si resulta más económico gestionar internamente estos requisitos, se negocia con la empresa transportista una rebaja por reducir los requerimientos solicitados regularmente para la realización del transporte.

La mayor empresa de alquiler de palés y contenedores del mundo gestiona diariamente más de 300 millones de unidades. Ello permite a transportistas y expedidores no tener que portar o comprar este tipo de embalajes, con el ahorro que conlleva.

¿Cómo se obtiene una rebaja por eliminación de conceptos?

Es una técnica de negociación similar a la de cambiar los requisitos solicitados en la cotización del transporte **(ficha E20),** pero que va un paso más allá al **eliminar completamente la necesidad de alguno de los conceptos** que están incluidos en el precio, con lo que este debería necesariamente reducirse.

Ejemplo

El flexitanque es un ejemplo de eliminación de conceptos. Cuando se contrata un transporte de líquidos (vino, aceite, etc.) en cisterna, normalmente hay que pagar el porte de la ida y la vuelta.

En cambio, si se emplea un flexitanque como recipiente solo se paga la ida ya que este se pliega y solo ocupa un metro cúbico, con lo que el vehículo puede hacer su retorno casi en su plena capacidad, y solo se pagaría el retorno del flexitanque plegado, si es que no se quedase en destino. Con ello, se elimina el uso de vehículos cisterna y se reduce drásticamente uno de los conceptos del precio habitual: el porte de vuelta.

Uso

El uso de esta técnica requiere siempre eliminar (no transformar) alguno de los conceptos de transporte, impuestos, tasas, servicios, etc., requeridos, para lo que hay que seguir el procedimiento siguiente:

1. Analizar qué componentes y tramos tiene el transporte contratado, así como los requisitos exigidos y su costo.
2. Estudiar qué posibles partes del total pueden ser eliminadas. Puede usarse el método SCAMPER **(ficha B6)** para promover nuevas ideas.
3. Una vez configurada la nueva operativa, contactar con la empresa transportista para negociar el nuevo precio, calculando qué valor puede tener la parte eliminada.
4. Modificar el artículo en el sistema de gestión corporativa (ERP) y en las tarifas de transporte.

¿Cómo reducir costos por cambiar a contratación por unidades temporales?

Es una técnica que se aplica cuando los precios de transporte están cotizados por viaje (kg × m³, u otros conceptos) y se pasan a **cotizar por unidades temporales** (cantidad de servicios por hora o día, por ejemplo), con la posibilidad de que la empresa cargadora obtenga un costo menor que el que pagaba anteriormente (es una situación inversa a la descrita en la **ficha E23**).

Con esta técnica, el cliente tiene la posibilidad de transformar o unificar sus costos en unidades temporales.

No obstante, hasta probar esta modalidad, la empresa transportista desconoce generalmente si le beneficiará o perjudicará. Por este motivo, es muy posible que se tengan que hacer ajustes de precios una vez iniciada su aplicación.

Ejemplo

Una empresa cargadora tiene contratado un camión para hacer traslados internos en el turno de la mañana (6:00 a 14:00 h) a razón de 40 €/viaje, durante el que suele hacer siete viajes debido a las esperas entre cada uno de ellos.
Se diseña una operativa sin esperas, con la que poder hacer diez traslados por turno, y se ofrece a la transportista 280 €/jornada (lo mismo que obtiene ahora). Con esta opción, al hacer más viajes, resulta a 28 €/viaje, con un ahorro para la cargadora de 12 €/viaje.

Filosofía

La contratación por unidades temporales da pie a la mejora continua a través de la reducción de tiempos muertos con la mejora de los procesos. No obstante, también se puede incrementar el costo si estos empeoran. Hay que estudiar siempre muy bien todos los factores y comparar qué modo de contratación resulta más beneficioso.

Reducir costos por cambiar a contratación por peso, longitud o volumen

Esta técnica se aplica cuando los precios de transporte están cotizados en unidades temporales (horas, turnos, días, etc.) y se pasan a **cotizar por unidades de peso, longitud o volumen** (kg × m³, u otros conceptos), con la posibilidad de que la empresa cargadora obtenga un costo menor que el que pagaba anteriormente (es una situación inversa a la descrita en la **ficha E22).**

Ejemplo

Una empresa transportista cobra 350 €/día moviendo 240 t diarias a un costo de 1,458 €/t.

La empresa cargadora le propone un precio de 1,35 €/t y la transportista acepta porque calcula que empleando semirremolques más ligeros podrá cargar unas 3 t más por viaje, con lo que obtendrá una mayor rentabilidad.

Ventaja

Este tipo de contratación tiene la ventaja de que promueve optimizar los recursos, frente al inmovilismo o camino cerrado del precio fijo.

Para aplicar esta técnica, es muy importante conocer los diferentes tipos de vehículos o unidades de transporte intermodal (UTI, ver capítulo D), ya que pueden ofrecer la ocasión de mejorar los costos del transporte. No es suficiente dividir el importe del transporte entre las unidades de peso, volumen o longitud de los vehículos o UTI que se estén empleando.

Por ejemplo, si el porte de un camión completo de 93 m³ cuesta 600 €, ello equivale a 6,45 €/m³. En lugar de pedir directamente una rebaja sobre este importe, se puede proponer a la empresa transportista que emplee un camión tipo megautliner, de 103 m³, manteniendo el mismo precio por viaje. De este modo, el costo resultante será de 5,8 €/m³.

¿Cómo ahorrar costos mediante negociación de €/km?

Esta técnica de ahorro de costos consiste en **cambiar la unidad de facturación que se esté utilizando** (€/viaje, €/horas, €/m³, €/m², etc.) a €/km, siempre que esto suponga un ahorro para la empresa cargadora. Ello implica que anteriormente se debe haber estimado el €/km actual para poder fijar un €/km más bajo.

Ejemplo

Una empresa tiene un precio medio de transporte por provincias. El precio a la provincia A es de 410 €. Sin embargo, se da cuenta de que el 90 % de las entregas se realizan en zonas cercanas a la capital de dicha provincia.

Calcula el precio por kilómetro hasta esta provincia, que es de 1,1 €/km. Seguidamente, investiga cuántos kilómetros hay hasta la capital de la provincia, y descubre que por la distancia podría lograr un precio de 0,8 €/km en las entregas a esta zona, manteniendo el precio de 1,1 €/km para otras localidades más lejanas.

Habla con su proveedor y consigue cambiar de precio por viaje a precio por kilómetro, logrando un ahorro de 0,2 €/km en el 90 % de las entregas al cambiar el modo de tarificación.

Uso

El €/km es un un indicador clave de rendimiento (KPI) muy empleado en logística, por lo que muchas empresas cargadoras traducen los importes y costos a este formato. Al disponer de él se hace más sencillo negociar precios de transporte con las transportistas, sobre la base de que es una medida más justa para ambas partes.

En caso de aceptarse una propuesta a la baja por la empresa transportista, se deben pasar las nuevas tarifas a los departamentos correspondientes y actualizarlas en el sistema de gestión de la empresa cargadora.

¿Cómo se obtiene un ahorro de costos mediante imposición de precio?

Esta técnica consiste en que la empresa contratante determina el precio a pagar con **una oferta o comunicado a sus transportistas.** Suele aplicarse cuando la contratante está en una posición de fuerza o tiene un exceso de ofertas.

En el caso de que la empresa proveedora no acepte la oferta, se deberá iniciar un proceso de negociación o de búsqueda de nuevos proveedores que sí puedan aceptarla.

Ejemplo

Una empresa está pagando 450 $ de flete entre Manzanillo (México) y Houston (Estados Unidos). Anuncia en una bolsa de cargas que está dispuesta a pagar 400 $ y recibe varias confirmaciones de transitarias.

Uso

Esta técnica requiere que la empresa contratante siga los siguientes pasos:

1. Para aplicar esta técnica es aconsejable realizar previamente un estudio sobre su viabilidad. Ello puede hacerse mediante conversaciones con las empresas transportistas proveedoras, con otras interesadas o, incluso, abriendo un periodo para recibir ofertas.
2. Cuando exista un criterio preciso sobre el nuevo precio que se quiere fijar, es aconsejable hablarlo con las empresas proveedoras habituales para informarles de que se va a comunicar una bajada oficial de precios y los motivos de ello.
3. Una vez decidido el precio, se debe comunicar por escrito, indicando la fecha a partir de la cual deberán reflejarse los nuevos precios en las facturas y cambiando los precios en el sistema de gestión corporativa (ERP).

¿Cómo se reduce el costo con una base de datos para urgencias?

En la mayoría de empresas hay un cierto volumen de transporte urgente debido a fallos, averías, problemas, etc. Este tipo de transporte, con frecuencia, se realiza a un precio muy superior al negociado para transportes estandarizados y supone una desviación del objetivo de precios marcado.

Para minimizar este hecho, se puede usar una técnica por la cual se crea una **base de datos de empresas de transporte urgente** recomendado para cada casuística de transporte que se pueda dar. Con esta base de datos actualizada no solo se abaratará el costo, sino que se agilizará el proceso de contratación, algo sumamente importante en este caso.

Ejemplo

Una empresa tiene un precio de 400 €
 para portes completos de 24 t entre
su centro de producción y su principal
cliente, si se avisa con 24 h de antelación.
Pero todos los meses tiene unas diez
urgencias de paquetes de 500 kg que
hay que transportar en furgoneta a
razón de 300-400 € el envío.
Realiza una investigación de mercado
y logra dar con unas empresas de
transporte de palés con salidas diarias
que lo harían por unos 50 €.

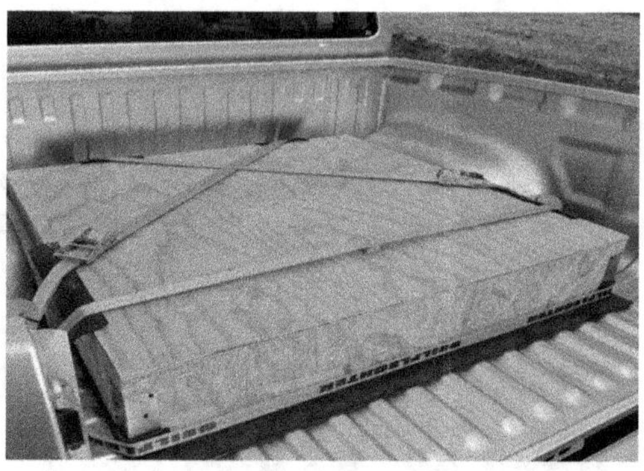

Uso

En la práctica, esta técnica conlleva los siguientes pasos:
1. Definir todas las operativas entre transporte estándar y urgente, desglosando este último en categorías de volumen, peso o urgencia.
2. Buscar opciones para cada tipo de transporte urgente, determinando en cada caso la empresa recomendada, contactos, precios, etc.
3. Reflejar esta información en la base de datos de la empresa, comunicándolo al personal afectado y adaptando el sistema informático a tal fin.

Optimizar costos a través de comparadores de precios de transporte

Los comparadores de precios en línea son utilidades web que permiten contrastar precios de numerosas empresas. Son muy habituales para informarse sobre la contratación de servicios como los seguros, las hipotecas y otros servicios financieros, los vehículos de alquiler, los viajes, etc., y también los hay en el sector del transporte. Se trata de webs especializadas en las que se introducen las características del envío (origen, destino, peso, medidas, etc.) y señalan cuál es **la mejor opción de entre las webs que estén registradas** en el comparador.

Uso

La mayor parte de las webs comparadoras de transporte son gratuitas y basta con registrarse y añadir una forma de pago (que suele ser por anticipado) para poder usarlas. El sistema es muy sencillo:

1. Se selecciona el modo de transporte.
2. Se introducen las medidas y el peso del envío, así como el origen y destino.
3. Se indican los requisitos particulares y se realizan los filtros de que disponga la web. Esta compara y propone un listado de ofertas o bien sugiere una oferta, que se puede contratar a través del comparador, que realiza el pago a la empresa transportista, quedándose una comisión. El seguimiento de los envíos puede hacerse, normalmente, a través del comparador.

Estos son algunos de los comparadores de precios más utilizados para diferentes modos de transporte:

clickline.com
la mejor opción para tus envíos
http://www.clickline.com/

http://compararenvios.com/

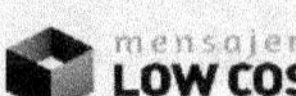
mensajería **LOW COST**
http://www.mensajerialowcost.com

GENEI
Gestión Logística
http://www.genei.es/

InfoEnvía .com
https://www.infoenvia.com/

iContainers
http://www.icontainers.com

TransHunter.com
http://www.transhunter.com

¿Qué técnicas se pueden aplicar para ahorrar costos de transporte por cambio operativo?

Las técnicas de ahorro de costos por cambio operativo son aquellas que consiguen bajar el costo unitario de transporte gracias a una **modificación en el sistema de trabajo empleado.** La siguiente tabla reúne algunos ejemplos significativos:

Técnica posible	Descripción
En puertos o aeropuertos	Rebaja de tasas por convenios y prácticas acordes con lo establecido en las normativas
Alianza con terceros	Dos o más empresas coordinan sus operativas para optimizar sus transportes
Mejora de la capacidad de carga en los vehículos	Se usan vehículos de más capacidad (toneladas o metros cúbicos), aplicando el mismo precio por viaje
Mejora del aprovechamiento	Mejora de la ocupación del almacén reordenando áreas, nuevos embalajes, etc.
Rotación multicliente 16-24 h	Se reorganiza la operativa para operar con un mismo vehículo de dos a tres turnos
Automatización traslados	Se sustituye el uso de camiones por vehículos de guiado automático o AGV (siglas de *automated guided vehicle)*, transportadores, etc.
Conductor de maniobras	Se emplea una tractora y diversos semirremolques para evitar tiempos de espera en las operaciones de carga o descarga
Semirremolques propios	Se emplean semirremolques propios, contratando solo el enganche a las tractoras
Contenedores en depósito	Se dispone de contenedores en depósito para optimizar las cargas
Cajas móviles o semirremolques	El transportista cede cajas móviles o semirremolques durante un tiempo sin costo adicional
Sistemas de reexpedición	Se transporta la mercancía hasta un punto de consolidación y optimización de las salidas
Transporte óptimo	Cuando hay varios pasos antes de la entrega, se analiza el transporte más directo
Sistemas de ruta periódica	Se aplica cuando se recogen o entregan cargas en diversos puntos de una misma ruta con una determinada periodicidad

Técnica posible	Descripción
Carga o descarga rápida	Aplicación de sistemas de carga o descarga rápida que eliminan los tiempos de espera
Eliminar creces previamente	Reducir el volumen a transportar mediante la eliminación previa de creces, volumen, etc.
Entrega en transportista	Se aplica cuando se entrega la mercancía en las instalaciones de la empresa transportista
Organización mix jornada	Se organiza la jornada de un camión, combinando los recorridos: largo y corto u óptimo
Obtención de subvención	Consecución de subvenciones por participación en proyectos, renovación de la flota, etc.
Consecución rebaja fiscal	Obtención de rebajas fiscales por diferentes causas (reducción de emisiones, por ejemplo)
Adecuación al tipo de transporte	Enviar diferentes volúmenes por el canal más apropiado: palés completos, grupaje, carga completa, etc.
Carga inmediata sin hora previa	La empresa cargadora adecúa su operativa para poder cargar en cualquier momento
Empleo de camiones multiuso	Se utilizan camiones con remolque para hacer larga distancia y repartos de corto recorrido
Reutilización de contenedores	Se contrata y coordina el transporte de importación para reutilizar el contenedor con la exportación de mercancías propias
Uso de transporte JIT o JIS	Se reduce el volumen total del transporte por entregar solo lo necesario y a tiempo o en la secuencia requerida
Adecuación transporte a planta	Se mejoran los costos al adaptar el transportista sus horarios a los huecos de carga
Autocarga o autodescarga	Se selecciona un transportista que disponga de medios para carga o descarga propia para evitar ese costo interno

¿Cómo se disminuye un costo mediante reducción de tasas?

La disminución de costos a través de acciones para la reducción de tasas por el uso de infraestructuras de transporte es una técnica que consiste en **modificar la operativa existente para beneficiarse de determinadas bonificaciones**, adecuándola a los requisitos marcados para ello en puertos, aeropuertos u otros centros logísticos. En general, estas infraestructuras operan con unas tasas (a la mercancía, al contenedor, etc.) que fija la Administración pública.

En las regulaciones, se suelen establecer bonificaciones para reducir las tasas con el fin de fomentar el transporte intermodal, fidelizar el volumen de cargas, etc. Conocerlas y aplicarlas es una vía de ahorro para empresas cargadoras y transportistas.

Ejemplo

El puerto de la Bahía de Algeciras tiene unas bonificaciones a la mercancía en contenedor y otros elementos que acceden o salen de la zona de servicio del puerto mediante ferrocarril:

Tasa de muellaje, desde el primer TEU

Bonificación	*Condición*
35 %	Entre 1 y 9.000 TEU
40 %	Más de 9.000 TEU

(*) La tasa de muellaje suele cobrarse por tonelada (varía según el tipo de producto) o por TEU (independientemente del peso).

Uso

Cada país regula sus propias tasas, por lo que es necesario consultar en cada caso. En muchos países existen webs especializadas que permiten conocer todas las tasas y bonificaciones vigentes.

México   España   Ecuador   Perú   Colombia

¿Cómo optimizar el costo de transporte mediante sinergias con terceros?

La alianza operativa con terceros es una técnica de ahorro de costos que consiste en definir y **coordinar una operativa de transporte entre dos o más empresas,** con el objetivo de minimizar los costos totales del proceso, obteniendo con ello una mejora para las organizaciones participantes.

No se trata de una técnica para agrupar volumen de compra **(ficha E5).** En este caso dos o más empresas modifican su forma de trabajo habitual para poder lograr juntas un ahorro, en lo que se llama también «búsqueda de sinergias».

Ejemplo

Una fábrica de neumáticos en un país A se coordina con el departamento de logística de una de automóviles en un país B para que los mismos camiones que van desde el país A al B puedan retornar cargados con motores para las instalaciones que la fabricante de automóviles también posee en el país A, con una rebaja de un 10 % en cada trayecto. Esto exige una coordinación de horarios de carga y descarga.

Uso

Este tipo de alianzas proviene generalmente de la buena relación entre varias empresas, motivada por formar parte de un mismo clúster, pertenecer a una misma asociación o grupo empresarial, etc. El proceso que se debe seguir es el siguiente:

1. Tras intuir que puede haber sinergias entre dos o más empresas, conviene mantener una o varias reuniones, que pueden incluso derivar en grupos de trabajo, donde se definan las operativas en las que pueden concretarse las sinergias.
2. Una vez definido el margen de mejora alcanzable, se deben establecer conversaciones con las empresas proveedoras de transporte actuales u otras, para corroborar que el cambio operativo se podría traducir en el beneficio esperado.
3. Finalmente, se debe establecer un plan de acción para modificar las operativas y renegociar el acuerdo de transporte para incorporar la nueva operativa y los nuevos precios.

Optimizar costos aumentando la capacidad de carga en los vehículos

La mejora de la capacidad de carga de los vehículos y las UTI (véase la unidad didáctica D) es una técnica de ahorro de costos que se basa en **aumentar el peso, el volumen o la longitud útil del vehículo contratado** por la empresa cargadora, manteniendo el precio por viaje o con poca variación, de tal modo que la repercusión por unidad (kg, m³, m, etc.) sea reducida para la empresa transportista.

En tráficos como las bobinas de acero, la maquinaria, los bloques de mineral, etc., es vital optimizar el peso, mientras que en otros como el calzado, los juguetes o la ropa, una mejora del volumen útil puede suponer un ahorro significativo.

Ejemplo

Una empresa minera paga 520 € por un trayecto periódico, pero ve que su promedio de carga es muy bajo, unas 17,5 t/camión, porque muchos camiones solo llevan un bloque de mineral. El precio por tonelada transportada es de 29,7 €/t. Negocia con su transportista para utilizar camiones de 27,5 t de carga útil a 550 €/viaje. Ahora carga dos bloques (promedio de 24,3 t) a 22,63 €/t.

Uso

En primer lugar, es aconsejable disponer de la información que brinda la utilización de los KPI, donde es habitual emplear conceptos como €/t, €/m³, €/m² o €/m. A partir de aquí, se deben seguir estos pasos:

1. Analizar cuáles son los vehículos o UTI más grandes que podrían utilizarse y qué costo resultaría si se empleara ese tipo de unidades en lugar de las actuales.
2. Dialogar con las actuales empresas proveedoras, o con otras potenciales, para ver qué predisposición existe de llegar a un acuerdo de renovación de la flota o de subcontratar vehículos de mayor dimensión.
3. Valorar cuál es la mejor oferta conseguida y formalizar el acuerdo con la empresa transportista.
4. Una vez formalizado el acuerdo, comunicar el plan de implementación a los departamentos involucrados, con los plazos y nuevos precios, e introducir los nuevos artículos de compra y tarifas en el sistema de gestión de la empresa.

¿Qué técnicas de mejora de aprovechamiento aplicar para ahorrar costos?

La mayoría de empresas cargadoras tiene un bajo aprovechamiento de los vehículos en uso, por diferentes motivos: por la estrategia de aprovisionamiento o porque los pedidos de venta no llenan los medios de transporte, entre otros.

Las técnicas de mejora del aprovechamiento son un conjunto de prácticas y políticas que hacen que se puedan **llenar más los vehículos o las UTI contratados,** sin aumento de precio por la empresa transportista, lo que supone una mejora del costo de la unidad transportada.

Uso

Para aplicar esta técnica se deben seguir los siguientes pasos:

1. Determinar cuál sería el máximo aprovechamiento de los vehículos o las UTI utilizadas y qué porcentaje de ocupación existe actualmente, fijando un objetivo de mejora.
2. Elegir una o varias técnicas de optimización para alcanzar el objetivo fijado. Veamos algunos ejemplos de este tipo de técnicas.

Técnica 1. Uso del embalaje idóneo

Dividir las dimensiones del interior de la zona de carga de la unidad de transporte, esto es ancho, largo y alto, entre 1,2,3, etc. A continuación, elegir una dimensión y la de la unidad por la que se ha dividido. Lo obtenido serán las unidades y medidas que debe tener el embalaje que puede optimizar el volumen. Veámoslo con un ejemplo. Tomando un semirremolque de 13,65 m de largo, 2,5 m de ancho y 2,9 m de alto, de la operación comentada resultaría:

Medida / unidad		1	2	3	4	5	6	7	8	9	10	11	12	13
Largo	13,7	13,7	6,8	4,6	3,4	2,7	2,3	2	1,7	1,5	1,4	1,2	1,1	1,1
Ancho	2,5	2,5	1,2	0,8	0,6	0,5	0,4	0,4	0,3	0,3	0,2	0,2	0,2	0,2
Alto	2,9	2,9	1,5	1	0,7	0,6	0,5	0,4	0,4	0,3	0,3	0,3	0,2	0,2

Finalmente, se debe elegir uno de los resultados obtenidos para cada dimensión.
En el ejemplo, se eligen embalajes de 1,4 m de largo × 0,8 m de ancho × 0,5 m de alto, a razón de 10 unidades a lo largo, 3 unidades a lo ancho y 6 unidades a lo alto. Con ello se obtendría el 100 % de ocupación de la unidad de carga.

Técnica 2. Búsqueda de cargas compatibles

Si se trata de cargas en la que la empresa cargadora no contrata todo el vehículo (grupaje, paletería, etc.), una de las posibilidades de optimización es establecer políticas de venta o compra que fomenten la compatibilización de cargas. Por ejemplo, la de una empresa de electrodos (palés muy bajos y pesados) que se alía con una fabricante de patatas fritas (palés altos y ligeros que pueden ir encima de los electrodos).

¿Cómo reducir el costo mediante rotación multicliente 16–24 h?

La técnica de reducción de costos de transporte por ciclo de 16–24 h se consigue cuando es la empresa contratante la que, cambiando su operativa, ofrece a una empresa de transporte **realizar, con un solo vehículo, actividades que ocuparán 16 o 24 h** a cambio de una rebaja en los costos que tiene actualmente.

El ciclo de 16–24 h en transporte se alcanza cuando se logra que el mismo vehículo esté activo durante 16 o 24 h en dos o tres turnos de 8 h, mediante cambio de conductor. De este modo:

- Los costos fijos permanecen pero la facturación global aumenta, por lo que la rentabilidad es mayor para la empresa de transporte.
- Se requiere una o dos veces menos inversión que realizando las diferentes operativas dedicando un vehículo distinto para cada una.

Ejemplo

Una empresa reorganiza sus actividades de transporte de tal modo que, con un mismo camión, puedan hacerse las siguientes actividades:
- De 6:00 a 14:00 h, realizar entregas locales en un radio de 100 km.
- De 14:00 a 22:00 h, carga y entrega de contenedores en un puerto cercano.
- De 22:00 a 06:00 h, envío de carga diaria de reaprovisionamiento a una delegación situada a tres horas de recorrido y viaje de vuelta con suministros diarios desde dicha delegación.

Uso

Esta técnica requiere desarrollar el siguiente proceso:

- Analizar las operativas que puedan realizarse con el mismo tipo de vehículos.
- Valorar si se puede extender o cambiar el horario de entregas o recogidas a lo largo de 16–24 h, saturando completamente cada turno.
- En caso de ser viable, se debe contratar esta operativa con un vehículo y dos o tres conductores. El factor clave suele centrarse en conseguir una actividad razonable entre las 20:00 y las 6:00 h.

¿Cómo ahorrar costos automatizando los traslados internos?

En las pequeñas empresas los traslados internos se realizan principalmente mediante carretillas elevadoras u otros elementos de manutención. En las empresas grandes, en cambio, las distancias acostumbran a ser mayores y muchas veces se contratan camiones para realizar estos traslados dentro de las instalaciones. Una técnica alternativa son los **sistemas de traslado automático o semiautomático de mercancías,** que puede suponer un ahorro respecto a los camiones.

Ejemplo

Una empresa fabricante de yates tiene varias naves en las que se ejecutan diferentes fases de la producción. Emplea camiones para los traslados a razón de 100 €/traslado y se realizan cuatro traslados por día.

Tras un estudio, valora que si emplease un vehículo de guiado automático únicamente pagaría 840 € al mes de alquiler, más unos 60 € de electricidad. Con ello se obtendría un ahorro de 7.100 €/mes (4 viajes × 20 días × 100 € = 8.000 €) – (840 € + 60 € electricidad).

Uso

Existen diversos sistemas de automatización de los traslados internos, siempre y cuando se hagan dentro de un recinto privado:

- **AGV** *(automated guided vehicle)* y **LGV** *(laser guided vehicle)* **(ficha B16).** Se trata de vehículos de guiado automático mediante diversos sistemas y tecnologías. La cuota de alquiler o de arrendamiento financiero permite que alcancen con rapidez el umbral de rentabilidad.
- **Automatismos.** Hay diversos sistemas de traslado desde un punto a otro, que son accionados por una persona y tienen un recorrido único de ida y vuelta. Un ejemplo son los carruseles aéreos, los circuitos neumáticos, las bandas, transportadoras o las vagonetas semiautomáticas.
- **Vehículos automáticos sin conductor** *(driverless)* **(ficha B16).** Si bien están en una fase incipiente de desarrollo, hay diversos tipos de vehículos de esta modalidad (camiones o transbordadores) con buenos resultados, que circulan en circuitos privados.

¿Cómo ahorrar costos empleando conductores de maniobras?

Un conductor de maniobras, de patio o de traslados, es aquel profesional que engancha semirremolques o remolques y los mueve a muelles o zonas de carga o descarga internas (propias) o externas (del cliente o proveedor). Mediante esta técnica **los vehículos de larga o media distancia desenganchan sus semirremolques en las bases y enganchan otros cargados.** Los trabajos de carga y descarga son realizados por el conductor de maniobras.

Ejemplo

Varias empresas de un mismo centro industrial trabajan con una misma transportista. Esta observa que existen largas esperas entre uno y otro servicio, por lo que convoca una reunión en la que les propone trabajar con un conductor, una tractora y cinco semirremolques. El conductor recogería semirremolques cargados o vacíos y los iría moviendo hasta una plataforma en la que otros conductores dejarían o recogerían los semirremolques. Gracias a esta operativa ahorrarían un 8 % por eliminación de tiempos de espera.

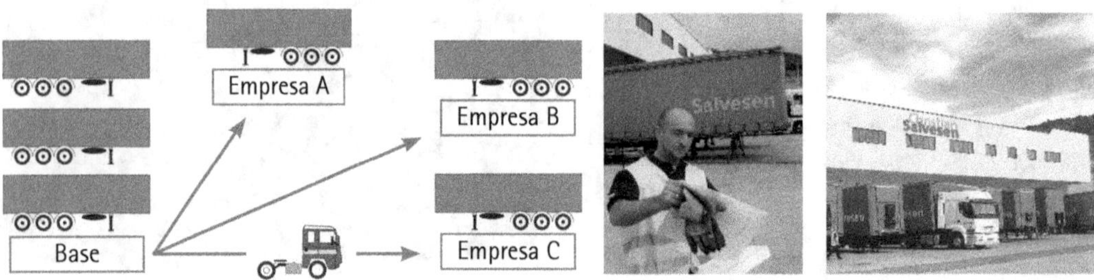

Uso

Para crear un sistema con conductor de maniobras hay que tener un flujo de semirremolques o remolques estable. Si se da esta condición hay que:

1. Calcular el tiempo medio por operación completa (enganche, desenganche, trayecto, otras actividades) y valorar cuántos movimientos puede hacer un conductor de maniobras.
2. De acuerdo con ello, la empresa de transporte calculará:

$$- \frac{(\text{Ventas actuales} - \text{Ventas nuevo sistema})}{(\text{Costo total actual} - \text{Costos nueva operativa})}$$
$$\text{Resultado económico}$$

3. Según el resultado, la empresa transportista valorará qué precio puede ofrecer por este cambio operativo.

¿Cómo ahorrar costos utilizando semirremolques o UTI propios?

Esta técnica se basa en obtener un costo de transporte menor que el actual alquilando o comprando unidades de transporte intermodal (UTI) o semirremolques propios y **subcontratando a la empresa transportista el arrastre de los mismos con una cabeza tractora,** lo que también se denomina «trabajar al enganche».

Uso

Para aplicar esta técnica, la empresa cargadora debe seguir el siguiente proceso:

1. Analizar qué tipo de semirremolque o UTI es más adecuado para la función prevista y solicitar diversos presupuestos de compra, alquiler o arrendamiento financiero.
2. Calcular el total de operaciones posibles, definir las posibles operativas y elegir las que mejor se adapten al objetivo.
3. Calcular el costo de mantenimiento para un periodo, un mes por ejemplo, y añadirlo al costo anterior, si no está ya incluido.
4. Dividir ese costo total entre las unidades de cotización previstas (km, m³, kg, etc.).
5. Una vez que se dispone de un costo por unidad de cotización, se debe negociar con la empresa transportista un descuento, por ejemplo un porcentaje por €/km, por aportar la empresa cargadora el semirremolque o la UTI.

Ventajas

Al elegir el tipo de UTI o semirremolque, la empresa cargadora puede encargarlo con las máximas capacidades. De este modo, la viabilidad de un transporte ya no depende de si la transportista dispone de equipo adecuado para las cargas, si estas lo precisan, y se puede trabajar con transportistas que no pueden permitirse renovar la flota de vehículos y están dispuestas a trabajar con precios más ajustados. Adicionalmente, es posible personalizar las unidades de transporte con una imagen corporativa propia.

¿Cómo ahorrar costos utilizando contenedores en depósito?

La expresión «tener un contenedor en depósito» hace referencia a la operación por la cual una operadora de transporte (naviera, transitaria, etc.), propietaria del contenedor, posiciona dicha unidad de transporte en un lugar convenido con una empresa cargadora, para que esta pueda **realizar el llenado del contenedor del modo o en el tiempo que le convenga,** sin tener que esperar a la presentación física del vehículo que ha de transportarlo.

Ejemplo

Una empresa que exporta piezas usadas de vehículos solicita a una naviera que deposite en sus instalaciones veinte contenedores para ir cargándolos durante el día anterior a su expedición, sin tener que esperar a que lleguen los vehículos de transporte. La naviera realiza dicho depósito con cargo a la empresa solicitante.

Con ello, la empresa exportadora ahorra un 40 % del costo de mano de obra, reorganizando sus turnos de trabajo y optimizando tiempos. Al llegar a cargar los contenedores, los vehículos dejan contenedores vacíos para repetir la operación cuantas veces se precise

Ventajas

- La empresa cargadora puede ir preparando las cargas sin mover varias veces la mercancía, planificando su trabajo de carga, estiba, etc.
- Mayor seguridad de que se dispondrá de los contenedores necesarios para la expedición. En ciertos momentos del mes, con frecuencia los contenedores se agotan y no se puede cargar por «falta de equipo».
- La ergonomía en las operaciones de carga. A numerosas empresas les resulta más conveniente cargar el contenedor desde el suelo que sobre un camión, por ejemplo
- La empresa cargadora puede subastar el retorno, ya que la empresa de transporte no tendrá que ir hasta puerto a por el contenedor.

¿Cómo ahorrar costos mediante circuitos técnicos?

Un circuito técnico es aquel en el que **un trayecto se divide en varios tramos, que realizan varios vehículos.** Cada vehículo toma el semirremolque o la UTI en un punto y lo deja en otro. Suelen ser circuitos regulares con un horario fijo.

Ejemplo

Una empresa de transportes tiene un circuito técnico desde Valladolid hasta París. Para lo cual ha establecido los siguientes tramos:

1. Valladolid - Vitoria.
2. Vitoria - Burdeos.
3. Burdeos - Tours.
4. Tours - París.

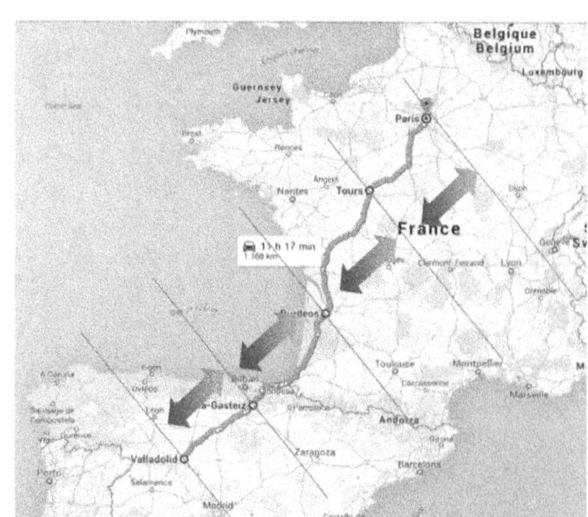

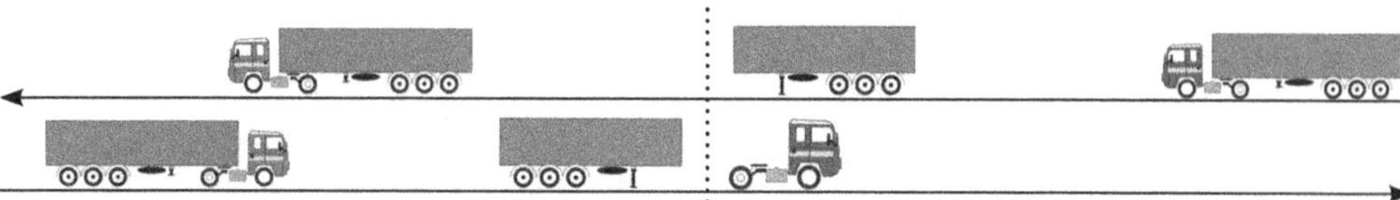

Uso

Para aplicar esta técnica, la empresa transportista debe seguir el siguiente proceso:

1. Analizar los flujos de ida y vuelta regulares para valorar en qué vías debe realizarse el circuito técnico.
2. Calcular el kilometraje que puede hacer un conductor (ida + vuelta + descansos) en ocho horas.
3. Establecer un punto en la mitad de ese kilometraje para realizar el intercambio.
4. Establecer un horario para el intercambio en función de las recogidas y entregas.
5. Fijar condiciones con proveedores y clientes.

Ventajas

Los conductores solo trabajan durante ocho horas, saliendo de su casa y volviendo a la misma, de modo similar a una jornada en una fábrica. De ello resulta:

- Mínimo costo en dietas.
- Salarios más reducidos, por comodidad de horarios.
- Fiabilidad; costos e ingresos previsibles.
- Mayor rapidez de entrega (el vehículo viaja sin casi descansos).
- Mayor volumen de facturación mensual por vehículo.
- Reducción significativa de los tiempos muertos.

¿Cómo ahorrar costos utilizando plataformas de reexpedición?

Una plataforma de reexpedición de mercancías o *cross dock* es un tipo de almacén donde entre la recepción y la expedición de mercancías se realizan actividades de optimización del proceso entre ambos sucesos, como la clasificación de productos o cargas, el etiquetaje, la preparación de pedidos, etc.

El ahorro de costos por el uso de plataformas de reexpedición es una técnica que se basa en la **realización de trabajos de optimización logística en un determinado punto de la cadena de transporte,** para que el total de costos de transporte se puedan minimizar, frente a las entregas directas.

Ejemplo

Una cadena de supermercados compra muchos productos en una determinada zona, para entregarlos en varios centros situados a más de 1.000 km. Hasta ahora emplean camiones pequeños a un costo elevado. Tras realizar un estudio, se decide instalar una plataforma logística a mitad de camino, en donde se concentrará toda la mercancía, se prepararán y etiquetarán los pedidos, y partirán hacia cada destino, ocupando el 100 % del camión y con un ahorro de un 13 %.

Ventajas

- Se puede reducir el número de vehículos necesarios a partir del punto de reexpedición por optimización.
- Se pueden preparar pedidos, hacer etiquetados y otros procesos en ese punto.
- Permite regular tiempos y organizar entregas.
- Se pueden combinar operativas que por sus características (horarios, tipo de vehículos, etc.) serían incompatibles de otra manera.

Uso

Una plataforma de reexpedición puede resultar idónea a partir de:

1. Un análisis de rutas de recogida y entrega.
2. Comparar los costos de transporte actual y los que tendría la operativa de la plataforma (costos de estructura más el transporte de recogida y entrega).

¿Cómo ahorrar costos mediante la selección del transporte óptimo?

Se puede considerar transporte óptimo a aquel canal o programación de transporte que permite **la ruta y selección del costo más reducido entre todas las posibles.** Este tipo de análisis es aplicable, principalmente, a los tráficos cortos con muchas paradas o a aquellos de distancia media o larga que pueden hacerse a través de diversos canales de transporte.

Ejemplo

Una empresa tiene que llevar cinco palés desde Cádiz hasta Londres, para lo que considera las siguientes opciones:

1. Cargarlo en un contenedor y hacer un envío de grupaje (contenedor LCL), con un plazo de entrega (PE) de ocho días. Precio: 784 €.
2. Cargarlo por paletería, con un PE de tres días. Precio: 1.095 €.
3. Cargarlo en un grupaje, con un PE de tres días. Precio: 690 €.
4. Transportarlo en tren hasta Bilbao y de ahí hacerlo en un grupaje, con un PE de seis días. Precio: 760 €.
5. Enviar los palés, uno a uno, por paquetería, con un PE de tres días. Precio: 148 €.
6. En este caso, el envío más barato sería el del grupaje por carretera (opción 3).

Uso

En el cálculo del transporte óptimo se deben tener en cuenta factores económicos y cualitativos:

1. Seleccionar el canal que más se ajuste al peso que se ha de enviar **(ficha D17).**
2. Analizar factores cualitativos, como el plazo de entrega, la fiabilidad, la seguridad, etc.
3. Elegir la opción que, cumpliendo con las premisas cualitativas, tenga un costo menor.

¿Qué es una ruta periódica y cómo ahorrar costos con su uso?

Se denomina ruta periódica o *milk run* (ruta del lechero) a la técnica por la cual **un mismo vehículo realiza una serie de recogidas o entregas** por tres o más puntos (almacenes, puntos de venta, etc.), hasta completar la carga o descarga total del vehículo. Es la técnica opuesta a la recogida y entrega directa.

Ejemplo

Una empresa tiene cuatro almacenes distribuidos por un territorio, con distancias encadenadas de entre 150 a 500 km. Suele enviar cargas de 6 a 10 t, que pueden recorrer hasta 1.200 km entre los almacenes más distantes y que transporta contratando espacio en camiones de grupaje desde cada origen. Se plantea hacer una ruta semanal, para lo cual los almacenes deben coordinarse en los días y en el volumen o peso que aportará cada uno para llenar el camión. Tras planificarlo, acuerdan con un transportista que cargará en un almacén más extremo y luego realizará una ruta con parada de carga y descarga hasta completar el recorrido, por lo que cobrará un viaje de 1.200 km, más dos recogidas y 1 €/km de desvío adicional. Resultado: un 27 % menos de costo.

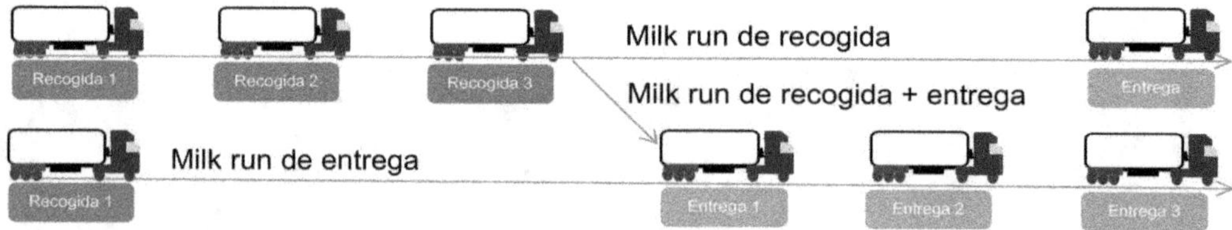

Uso

Hay dos variantes en las técnicas de ruta periódica:

1. **Coordinación interna de los puntos de carga.** Se aplica cuando la empresa cargadora completa el 100 % del camión. Hay que designar a un equipo logístico (responsables de operaciones, tráficos, aprovisionamientos, etc.) que debe ir completando camiones de manera coordinada. Para tener una visión común puede usarse un sistema de gestión corporativa (ERP). Cuando se llena un camión, el ultimo punto en completarlo tramita la orden de carga.

2. **Coordinación externa para completar.** Se aplica cuando una sola empresa cargadora no tiene carga suficiente para llenar un camión y se coordina con la transportista u otras empresas para completarlo. En esta modalidad, las cargadoras van pasando información a la transportista, que también busca cargas en el mercado e indica cuándo hay suficiente mercancía.

¿Cómo ahorrar costos mediante sistemas de carga o descarga rápida?

La optimización de costos mediante sistemas automáticos, semiautomáticos o manuales de carga o descarga rápida persigue **disminuir al máximo los tiempos en parada y aumentar los de circulación** y con ello la facturación de la empresa transportista. Al facturar más, esta puede aceptar un acuerdo para bajar los precios si existen garantías de mantener unos tiempos muertos reducidos por parte de la empresa cargadora.

Ejemplo

- Una empresa cementera tiene que cargar una media de 45 camiones al día con palés de sacos de cemento para el reparto en la región.
- La carga de cada camión supone una media de 37 minutos, con una dedicación de cinco carretilleros y cinco carretillas. Además, los conductores suelen quejarse de las colas y de que muchas veces pierden todo el día por la hora en la que les toca cargar.
- Tras estudiar el problema, se decide instalar un sistema de plataforma semiautomática que es empujada por una carretilla y que permite cargar los camiones en tan solo cuatro movimientos. El tiempo resultante es de tan solo ocho minutos por camión.
- Aunque con solo un carretillero sería suficiente, se dedican dos a media jornada, de manera que todos los camiones están listos entre 6:00 y 9:00 h. Se renegocian precios y se reduce el precio de los portes y los costos de personal en un 7 %.

Uso

Existen diversos sistemas de carga o descarga rápida:

- **Manuales.** Se trata de plataformas, tanquetas o patines que son empujados manualmente por una o varias personas, o por una carretilla u otro tipo de vehículo.

- **Semiautomáticos.** Incluyen un motor o sistema propio (hidráulico, neumático, etc.), pero exigen el manejo o conducción del mismo por una o varias personas.
- **Automáticos.** Incluyen motor y pueden funcionar de manera totalmente autocmática (accionándose al detectar la correcta posición del vehículo que se ha de cargar o descargar) o simplemente por pulsar un botón. Pueden ser plataformas autocargantes, robots, lanzaderas, etc. **(ficha B14).**

¿Cómo ahorrar costos al eliminar creces?

Las creces son aquellos **elementos sobrantes o que pueden reducirse o eliminarse** para que pueda transportarse menos peso, longitud o volumen. Al bulto con creces también se le denomina «en bruto» y al bulto sin creces «neto». Quitar o reducir las creces previamente en origen es una técnica de optimización de costos que se aplica cuando este proceso más el transporte es más económico que el transporte y la eliminación o reducción de creces en destino.

Ejemplo

Un fabricante de vinos compra troncos de roble francés y los transporta hasta su bodega a un precio de 775 € por camión (25 t y 27 m³).

Una vez cortados los troncos en tablas a la medida de los toneles, comprueba que resulta un costo de 395 €/m³.

Analiza la posibilidad de cortar las tablas en origen y, aunque el costo del corte es algo mayor, compensa el de transporte, ya que solo se trae material terminado, con lo que el costo final es de 389 €/m³.

Uso

Existen numerosas maneras de reducir creces, pero no siempre resultan rentables. Para analizarlas se debe aplicar siempre la fórmula del costo total:

> costo unidad final transportada con creces – costo unidad final transportada sin creces.

Un aspecto importante que se ha de tener en cuenta es que nunca hay que comparar unidades transportadas con creces contra unidades transportadas sin creces. Siempre se pasará todo a este último concepto.

Algunos de los procesos de eliminación de creces que pueden hacerse antes del transporte son: corte, vaciado, pulido, depuración, preensamblaje, envasado al vacío, selección, clasificación, tratamiento químico, etc.

¿Cómo ahorrar costos estableciendo la entrega o recogida en el transportista?

Esta técnica consiste en sustituir **las instalaciones del cliente o de la empresa cargadora como puntos de recogida o entrega de mercancías por otros que determine la empresa transportista.** Se suele usar en paquetería, paletería o grupaje y, en la práctica, supone la eliminación del trayecto de recogida o entrega entre la base de la empresa transportista y la dirección del cliente o las instalaciones de la empresa cargadora, que pasa a realizarse normalmente con medios de estas últimas.

Ejemplo

Una empresa realiza unos diez envíos diarios de paquetería, cinco envíos de paletería, tres de grupaje y treinta sobres de correspondencia. Tras estudiar sus tarifas y la localización de las empresas de transporte con las que opera, concluye que si contratase un camión que recogiese todo a mediodía y lo entregase en estos puntos ahorraría casi un 8 % de costos con respecto a su situación actual.

En el transporte refrigerado, esta técnica aporta buenos resultados y permite un mejor control de la cadena de frío y de los tiempos de tráfico. En el transporte de pescado, por ejemplo, es muy importante llegar lo antes posible a los puntos de venta.

La recogida en puntos de entrega concertados es muy habitual en el comercio electrónico. Para ello, las empresas de transporte establecen acuerdos con comercios situados en puntos estratégicos de las ciudades.

Uso

El costo de un envío parcial se divide en estos tramos:

**costo de recogida
+ tramo transporte interno
+ costo de entrega**

En esta técnica se deben sumar todos los costos de recogida que cobra la empresa transportista y compararlos con los costos de entrega por cuenta propia. En la práctica, se suelen aprovechar los vehículos de reparto para cargar mercancías propias de mensajería, paquetería, paletería o grupaje para entregar o recoger en diversas bases de empresas de transporte. Este procedimiento suele resultar más económico que la recogida efectuada por las transportistas.

¿Cómo ahorrar costos adecuando la organización del *mix* en la jornada?

Se denomina *mix* al conjunto de **servicios diferentes que un vehículo puede hacer durante un periodo de tiempo** (identificando cada uno en términos de porcentaje). Por ejemplo, un vehículo puede hacer un *mix* de un 20 % de traslados internos, un 50 % de portes de distancia media y un 30 % de traslados de contenedor hasta el puerto.

Ejemplo

Veamos un ejemplo de *mix* frente a una especialización:

Vehículo especializado	Tipo de servicio	Precio viaje	Viajes/ día	Facturación mes	km/viaje	km/día	€/km	Beneficio mes
Camión 1	Traslados entre naves	30 €	7	4.200 €	1,5	10,5	18,20 €	714 €
Camión 2	Repartos locales	110 €	4	8.800 €	30	120	3,70 €	1.496 €
Camión 3	Entregas distancia media	475 €	1,5	14.250 €	475	712,5	1 €	1.852,50 €

Vehículo mix	Tipo de servicio	Precio viaje	Viajes/ día	Facturación mes	km/viaje	km/día	€/km	Beneficio mes
Camión 4	Traslados entre naves	30 €	3	1.800 €	1,5	4,5	18,20 €	
	Repartos locales	110	2	4.400 €	30	60	3,70 €	2.669 €
	Entregas distancia media	475 €	1	9.500 €	475	475	1 €	
	Mix	205 €	6	15.700 €	506,50 €	539,50 €	1,46 €	

Uso

Para aplicar esta técnica se pueden emplear hojas de cálculo o simuladores, con las que comparar los distintos escenarios reales que podemos usar, como se puede ver en el ejemplo. En los vehículos multiservicio, es muy importante trazar un mix adecuado, para subir el rendimiento por km/hora. En general, las distancias cortas tienen un precio muy elevado por kilómetro, pero conllevan más tiempos muertos y una menor facturación diaria.

Por el contrario, las distancias largas, tienen un precio más bajo por kilómetro, pero un mayor volumen de facturación y menos tiempos muertos.

¿Cómo ahorrar costos mediante la consecución de subvenciones?

Aunque existen muchos tipos diferentes de subvenciones (local, nacional o regional, por ejemplo), la mayoría de empresas no acceden a ellas y se limitan a buscar en el mercado el mejor precio. Esta técnica consiste en analizar qué **tipos de subvenciones es viable alcanzar, los requisitos que se necesitan y planificar y ejecutar un plan,** entre la empresa cargadora y la empresa o empresas de transporte para poder alcanzarlas.

Ejemplo

Una empresa de transporte desea renovar su flota de vehículos porque se ha quedado anticuada y tiene unos costos de mantenimiento elevados. Si pudiese tener ciertas garantías de estabilidad, podría optar a conseguir unas subvenciones del Plan PIMA, por el que el Gobierno de su país asumiría parte del costo de la renovación.

Por su parte, una empresa mayorista de fruta se ha enterado de que su asociación gremial ha conseguido un acuerdo con el gobierno regional por el que pueden alcanzar subvenciones de unos 2.000 €/año por vehículo si llegan a acuerdos con empresas de transporte por al menos tres años de contrato, para que estas puedan hacerse con vehículos menos contaminantes. De este modo la mayorista y la transportista llegan a un acuerdo que beneficia a ambas partes.

Uso

Hay varias formas de analizarlo:

1. La más efectiva es dirigirse a consultoras locales especializadas en subvenciones, que asesorarán sobre las ayudas viables y los pasos que hay que dar para conseguirlas.
2. Otra opción es dirigirse a las empresas de transporte y sus asociaciones gremiales, quienes suelen estar informadas de posibles subvenciones.
3. Otra alternativa es buscar en internet por cuenta propia, pero los plazos y las posibilidades que aparecen son muy diversas.

¿Cómo ahorrar costos mediante rebaja fiscal?

Esta técnica consiste en trabajar con los departamentos financieros, o con consultoras especializadas, para analizar y determinar **cambios operativos que podrían conducir a deducciones de impuestos u otro tipo de deducciones fiscales,** estableciendo acciones concretas para alcanzarlas.

Ejemplo

Una empresa fabrica contenedores metálicos. El recubrimiento de los contenedores se realiza en una empresa de pintura situada a 27 km. Cada porte supone un problema por el tiempo que se dedica al trincaje, por ser piezas sueltas. El departamento fiscal consigue saber que si realizan un proyecto de I+D+I, parte de los costos de desarrollo, personal empleado para el proyecto, etc., podría deducirse fiscalmente. Tras unos meses, consiguen diseñar un sistema de bloqueos rápidos con un ahorro en costos de transporte por eliminación de tiempos de carga y descarga, así como una deducción fiscal por el proyecto.

Uso

Analizar las posibilidades fiscales (subvenciones, deducciones, incentivos, etc.) debe hacerse por departamentos o consultoras especializadas. Es recomendable dar los siguientes pasos para estudiarlo:
1. Reunirse con los especialistas para ver qué tipo de posibles ventajas fiscales pueden alcanzarse por la ejecución de actividades de transporte de mercancías.
2. Analizar las distintas opciones, cuantificando la inversión económica y de medios necesaria para alcanzarla.
3. Analizar el costo total actual y el costo total futuro, incluyendo las ventajas fiscales obtenidas, para determinar cuál de las dos opciones es mejor.

¿Cómo ahorrar costos por adecuar el producto a la tipología de transporte?

En muchas empresas, primero se desarrolla el producto y su embalaje y luego se busca el transporte. Ello ocasiona no pocos problemas, como cuando se trata de enviar europalés (1,2 × 0,8 m) en contenedores marítimos que tienen unas medidas interiores (2,34 × 5,9 m, un contenedor de 20', por ejemplo) que no encajan bien con este tipo de palés, con lo que se pierde un importante espacio.

Esta técnica consiste en **analizar las dimensiones de los vehículos empleados en cada canal de transporte y diseñar los productos y sus embalajes óptimos** (envases, cajas, palés, etc.) para alcanzar la máxima ocupación posible y, por tanto, un menor costo por unidad transportada

Ejemplo

Una compañía fabricante de azulejos envía muchos pedidos a clientes particulares con un formato de azulejo de 30 × 3 cm. Esto supone emplear palés de 0,93 × 0,93 m en vehículos de 2,1 m de ancho × 4,5 m de largo. El resultado es que siempre sobra sitio. El departamento de logística habla con los departamentos de ventas y de diseño de productos y lanzan un formato de azulejo de 35 × 35 cm que permite un palé de 1,05 × 1,05 m. Al usarlo, reducen sus costos de transporte.

Uso

En la **ficha E32** se analiza cómo identificar los embalajes óptimos para cada tipo de vehículo o UTI. Sin embargo, en este caso se trata de armonizar el diseño del producto, el envase y el embalaje, para adecuarlos al vehículo predominante en cada tipología de transporte. Para aplicarlo, los departamentos de logística y de diseño de productos deberán trabajar juntos para desarrollar:

1. Un sistema de embalaje estandarizado (jaula, palé, etc.) que puedan optimizar la ocupación y los costos de transporte.
2. Un sistema de envasado (lata, botella, caja, etc.) que se adapte a los diferentes tipos de embalaje.
3. Un diseño de producto que se adapte a este tipo de envases y embalajes, de forma unitaria o sin ensamblar y por partes.

¿Cómo ahorrar costos mediante carga inmediata sin hora previa?

Es frecuente que haya transportistas que han de descargar en unas empresas antes de cargar en otras, pero no saben cuándo podrán hacerlo. Para estas últimas empresas, **disponer de sistemas de carga inmediata puede ser una enorme ventaja,** pues facilitan la operativa de las empresas de transporte.

Optimizar los costos mediante la oferta de carga inmediata supone desarrollar medios internos de carga que eviten cualquier tipo de cola o espera, y permitan realizar la carga antes de 15 minutos desde la presentación del vehículo de transporte.

Ejemplo

Una empresa de muebles tiene sus instalaciones frente a una gran fundición. Las colas en dicho lugar son enormes y eso hace que los transportistas no sepan si van a poder cargar o no hasta que se va acercando su turno.

Conscientes de ello, la empresa de muebles decide contactar con varias de estas empresas de transporte y les ofrece unos precios bastante ajustados **(ficha E25)** a cambio de cargarles en cuanto terminen su descarga en la fundición, con el compromiso de hacerlo antes de 15 minutos desde la presentación.

Uso

Cargar inmediatamente exige una preparación operativa adecuada:

1. Analizar cuál es la capacidad máxima de carga por hora, para no aceptar más que ese tope de cargas en esa franja.
2. Estudiar cómo aumentar esta capacidad:
   - Estableciendo medios humanos y materiales flexibles, que puedan asignarse rápidamente a esta actividad.
   - Preparando previamente las cargas para reducir los tiempos del proceso.
   - Automatizando las operaciones de carga (ficha E42).
3. Por último, calcular el nuevo límite y tratar de negociar un flete entre un 5 y un 20 % por debajo de lo habitual.

¿Cómo ahorrar costos por la contratación de camiones multiservicio?

Esta técnica consiste en contratar camiones que puedan **realizar servicios logísticos adicionales al transporte.** El objetivo es negociar un mejor precio para el conjunto de servicios que hubiésemos necesitado contratar a distintas empresas o aportando recursos propios para una operación logística.

Ejemplo

Un almacén de materiales de construcción presta un servicio de reparto con un precio medio de 150 € por entrega, realizada con furgonetas carrozadas con plataforma. Tras un análisis del proceso, la directora de logística opta por cambiar de empresa transportista, para lo que contrata un pequeño camión pluma que hará repartos durante una parte del día, pero también realizará su propia carga, ordenará los palés, subirá bultos a las alturas, etc., por un precio de 40 €/hora. Gracias a ello, el precio medio bajará a 130 €/entrega y el almacén podrá dar este servicio demandado por los clientes, a los que cobrará 50 €/hora.

Uso

Para aplicar esta técnica se debe analizar qué tipo de servicios se están contratando, directa o indirectamente, que puedan ser realizados por camiones multiservicio y hacer una oferta a quien los tenga para reducir el costo global.

Ejemplos de camiones multiservicio:

- Camión con grúa pluma.
- Camión con carretilla elevadora.
- Camión con cinta de clasificación de fruta y verdura.
- Camión con equipos de corte de madera.
- Camión con maquinaria para plantado de árboles.
- Camión con sistema de embalado y retractilado

¿Cómo ahorrar costos mediante la reutilización de contenedores?

El transporte de contenedores se realiza en dos tramos. Si es de descarga (importación), el contenedor lleno ha de recogerse en el puerto, llevarlo hasta el lugar de descarga y devolverlo vacío una vez descargado. Si la empresa destinataria de la importación tiene posibilidad de cargar para la exportación el mismo contenedor en el momento de la descarga, normalmente, recibirá un descuento de un 40-60 % del precio de vuelta. Para aplicar esta técnica es necesario **coordinar la carga y la descarga con la misma naviera y transportista,** lo que conlleva tener en cuenta una serie de pasos previos.

Ejemplo

Una empresa argentina de juguetes importa materiales semielaborados desde China con una naviera, en contenedores de 40 pies. El porte por carretera le cuesta 480 € desde Puerto La Plata hasta Saladillo.

La empresa también exporta a varios países, con lo que llega a un acuerdo con la naviera para su transporte de venta. Cuando cargue los mismos contenedores que vacíe, obtendrá un descuento del 50 % sobre el precio de vuelta. Así pues el precio de transporte resultaría a 240 € desde Saladillo a Puerto La Plata.

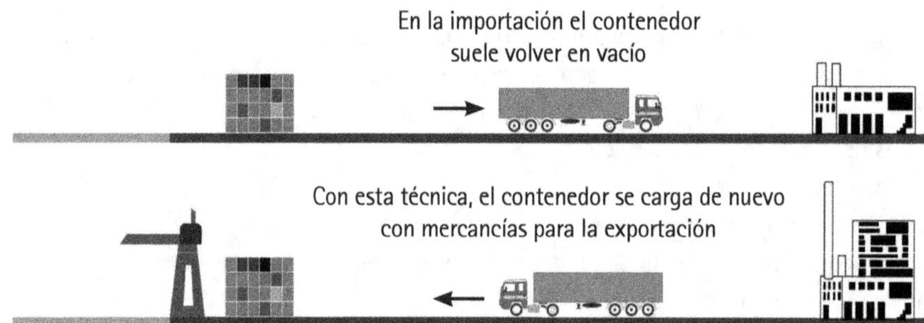

Uso

Para aplicar esta técnica hay que realizar el siguiente proceso:

1. Negociar fletes y precios de transporte para contratar con la misma naviera y empresa transportista en la importación y en la exportación.
2. Coordinar que pueda emplearse el mismo tipo de contenedor en la importación y la exportación.
3. Por último, hay que coordinar las descargas, de modo que puedan coincidir en el tiempo con las cargas y trasladar al personal las instrucciones necesarias.

¿Cómo ahorrar costos con transporte justo a tiempo o en la secuencia?

El transporte justo a tiempo, también conocido con las siglas JIT *(just in time)* es un método desarrollado en Toyota en la década de 1980. Permite reducir los inventarios al máximo posible, pero exige una entrega del producto justo en el momento en que se necesita. En general, ello supone un incremento del precio individual de cada porte, que queda compensado por la reducción de inventario (inmovilizado + transporte requeridos), que requiere un **volumen menor de transporte** y genera un **menor costo global.**

Uso

La tensión operativa hace necesario que generalmente se trabaje con sistemas que permiten mover muy ágilmente grandes grupos de mercancías: tractoras de arrastre, bandas de transporte, carruseles, etc. En caso de no llegar a tiempo suelen imponerse fuertes penalizaciones a la empresa transportista.

Descripción

Otra variante más especializada del JIT es el **transporte justo en la secuencia** *(just in sequence* o JIS). En este caso, no solo se ha de servir el suministro en el momento preciso, sino en el orden exacto que se está trabajando en ese instante en las líneas de producción o pedido. Esto puede dar lugar a un almacén sobre ruedas **(ficha F20).**

¿Cómo ahorrar costos mediante la autocarga y descarga?

Los vehículos con sistemas de autocarga o autodescarga tienen la ventaja de **ahorrar o reducir los costos de los procesos de carga y descarga.** En algunos casos pueden emplearse para mejorar algunas técnicas, como el transporte justo a tiempo **(ficha E52).** Existen muchos tipos de camiones dotados con estos sistemas, aunque su costo es mayor que los vehículos convencionales y es necesario un cierto volumen de facturación para poder ser rentabilizados.

Ejemplo

Una constructora importa adoquines desde Brasil, pero necesita disponer del contenedor en la obra para que sea descargado durante una semana. Contratar una grúa especial para descargar el contenedor sería muy costoso, pero el exportador contrata un semirremolque con sistema de autodescarga que solo cobra un suplemento de 100 €, con lo que ahorra más de 1.200 € del servicio de la grúa.

Uso

Entre los múltiples sistemas de autocarga y autodescarga que hay en el mercado, los más conocidos son:
- Semirremolques de piso móvil.
- Sistemas hidráulicos para carga y descarga de contenedores.
- Bañeras basculantes.
- Tolvas autodescarga.
- Vehículos especiales a medida.

Antes de emplear esta técnica, es necesario analizar primero el costo total de transporte + carga + descarga y compararlo con el costo total que tendría la operativa aplicando sistemas de autocarga y autodescarga.

¿Cómo aplicar las técnicas de optimización de costos en la práctica?

Como hemos visto en las fichas anteriores, existe una gran variedad de **técnicas que permiten optimizar y reducir costos en transporte.** Para elegir cuál se debe aplicar en cada momento, es conveniente seguir el siguiente proceso:

1. Desglosar los servicios de transporte que se contratan en artículos u operativas cuantificables.
2. Crear una matriz en la que se puedan reflejar los artículos de transporte en las filas y las técnicas vistas en las columnas.
3. Para cada artículo, pensar y registrar qué técnica es posible aplicar.

Ejemplo

Una empresa distribuidora de maquinara ha de hacer 125 transportes especiales entre Arakkonam y el puerto de Chennai (India). El departamento de logística quiere investigar las posibles estrategias de negociación o cambio operativo que se podrían aplicar y qué objetivo de ahorro se podría fijar.

a) **A nivel de negociación,** se indican en la tabla las estrategias que se consideren que pueden ser más beneficiosas. En este caso, se realiza una oferta de contrato periódico, con desglose separado de costos, ya que no hay muchas empresas que puedan hacerlo.

Código	Artículo	Costo estándar viaje actual	Viajes previstos	Precio objetivo próximo año	Variación	Ahorro estándar	1. Salida a Tender	2. Bolsa de cargas	3. Oferta contrato periódico	4. Incremento de volumen	5. costos abiertos + Porcentaje fijado	6. Tarifa fija (forfait)	7. Inclusión de fórmulas de riesgo	8. Contratación separada de costos	9. Traslado mejores precios a proveedor	10. Asumir costos del proveedor	11. Incremento horario / plazo	12. Aseguramiento ida + vuelta	13. Mejora del plazo de pago	14. Rebaja por planificación	15. Inclusión en paquete mayor	16. Rebaja por coordinación estratégica	17. Enrutar transitaria por rebaja	18. Reducción Incoterms	19. Rebaja por reducción requisitos	20. Rebaja por eliminación conceptos	21. Contratación por horas / día	22. Contratación por t/m³ / m²	23. Contratación por €/km	24. Imposición de precio	25. Base de datos para urgencias	26. Uso comparadores de precios
105787	Transporte especial de Arakkonam a Chennai Port	3.800 €	125	2.800 €	-1.000 €	-125.000 €			X					X																		

b) **A nivel operativo,** se debe realizar la misma operación. El resultado debe medirse en ahorros estándar.

Código	Artículo	Costo estándar viaje actual	Viajes previstos	Precio objetivo próximo año	Variación	Ahorro estándar	27. Reducción tarifas de puertos o aeropuertos	28. Alianza con terceros	29. Mejora capacidad de carga vehículos	30. Técnicas mejora aprovechamiento	31. Ciclo 16/24 h	32. Automatización traslados	33. Conductor maniobras	34. Semirremolques propios	35. Contenedores en depósito	36. Cajas móviles o semirremolques	37. Reexpedición (cross docking)	38. Transporte óptimo	39. Rutas periódicas (milk run)	40. Carga / descarga rápida	41. Eliminar creces previamente	42. Entrega en transportista	43. Organización mix jornada	44. Consecución subvención	45. Consecución rebaja fiscal	46. Adecuación envíos a tipología transporte	47. Carga inmediata sin hora previa	48. Uso camiones multiuso	49. Reutilización contenedores	50. Adecuación transporte a planta	51. Autocarga / Autodescarga
105787	Transporte especial de Arakkonam a Chennai Port	3.800 €	125	2.800 €	-1.000 €	-125.000 €														X						X					X

D

Técnicas de cálculo con vehículos y unidades de transporte

Los vehículos y las UTI

Tanto si se trabaja en el campo de la planificación, como si se opera en el del transporte o el almacén, es fundamental conocer las dimensiones y características de los vehículos y las unidades de transporte intermodal (UTI). Este capítulo contiene la información necesaria para poder elegir y optimizar el uso de cualquier vehículo de carga o UTI, lo que es, en gran medida, una de las funciones de algunas figuras profesionales.

Aunque existe una falta de uniformidad, en el ámbito internacional, respecto a la tipología, dimensiones y características técnicas de los vehículos de transporte que se emplean en las diferentes regiones económicas, se ofrecen orientaciones y numerosos ejemplos que facilitan el cálculo de sus capacidades.

Las UTI operan habitualmente en el escenario internacional y tanto en el modo aéreo como en el ferroviario o en el marítimo están reguladas por organismos internacionales (ISO, CEN, IATA, etc.), por lo que las medidas y características que se presentan son aplicables en cualquier país del mundo.

Este capítulo también contiene informaciones para el empleo de las UTI, para descifrar el código de identificación de los contenedores, por ejemplo, y otras relativas a las unidades de carga, a su eventual disposición en las unidades de transporte, el cálculo del peso volumétrico y fórmulas de contratación para la carga en buques graneleros, entre otras.

¿Cómo calcular la carga útil y la MMA en los vehículos de transporte combinado?

La **masa máxima autorizada (MMA)** es el peso total permitido, en toneladas (t), que puede alcanzar un vehículo con la carga y la **unidad de transporte intermodal (UTI)** si la tuviese. La **tara** es el peso en vacío (t) de un vehículo o UTI.

Solución

MMA permitidas en España para vehículos de transporte intermodal (carretera-marítimo o carretera-ferrocarril):

Vehículos de transporte intermodal	MMA (t)	Parte del vehículo o UTI	Descripción	Ejemplo tara (t)	Ejemplo carga útil (t)
	44	Tractora tres ejes	Vehículo motor y semirremolque de tres ejes. Homologado para transporte combinado, y contenedor o caja móvil cerrados, igual o superior a 20'	9	26,1
		Semirremolque tres ejes		6,5	
		Contenedor o caja móvil		2,4	
	44	Tractora tres ejes	Vehículo motor de tres ejes con semirremolque de dos ejes. Homologado para transporte combinado, y contenedor o caja móvil cerrados, igual o superior a 20'	9	27,6
		Semirremolque dos ejes		5	
		Contenedor o caja móvil		2,4	
	42	Tractora dos ejes	Vehículo motor de dos ejes con semirremolque de tres ejes. Homologado para transporte combinado, y contenedor o caja móvil cerrados, igual o superior a 20'	7,5	25,6
		Semirremolque tres ejes		6,5	
		Contenedor o caja móvil		2,4	
	38	Tractora dos ejes	Vehículo motor de dos ejes con semirremolque de dos ejes. Lleva una caja móvil abierta igual o superior a 20' y distancia entre ejes menor a 1,8 m	7,5	23,1
		Semirremolque dos ejes d<1,8m		5	
		Contenedor o caja móvil		2,4	
	36	Tractora dos ejes	Vehículo motor de dos ejes con semirremolque de dos ejes. Lleva una caja móvil abierta igual o superior a 20' y distancia entre ejes mayor a 1,8 m	7,5	21,1
		Semirremolque dos ejes d>1,8 m		5	
		Contenedor o caja móvil		2,4	

Fórmula

La **carga útil** es la carga que puede transportar un vehículo y resulta de calcular la fórmula:

Carga útil = MMA – tara.

Ejemplo

Carga útil = MMA (44 t) – tara tractora (8 t) – tara semirremolque (6 t) – tara contenedor (2,5 t).

Solución:
Carga útil = 44 t – (8 + 6 + 2,5) = 27,5 t.

¿Cómo calcular la carga útil y la MMA en los vehículos de transporte por carretera?

Aunque en cada país existe una normativa diferente, a continuación se propone una fórmula válida para todos los casos. Aquí se hace referencia a la **carga útil total**, sin embargo, puede haber limitación de masa máxima por eje.

Solución

MMA permitidas (en España) para vehículos de transporte (no especial) por carretera:

Vehículos de carga general no intermodal	MMA (t)	Parte del vehículo o UTI	Descripción	Ejemplo tara (t)	Ejemplo carga útil (t)
	18	Rígido dos ejes	Vehículo rígido de dos ejes	5	13
	24	Rígido tres ejes	Vehículo rígido de tres ejes simples sin suspensión neumática	9	15
	25	Rígido tres ejes	Vehículo rígido de tres ejes dobles con suspensión neumática	9	16
	31	Rígido cuatro ejes	Vehículo rígido de cuatro ejes simples sin suspensión neumática	13	18
	32	Rígido cuatro ejes	Vehículo rígido de cuatro ejes con dos direccionales: – Eje motor equipado con neumáticos dobles y suspensión neumática (o equivalente en la UE) – Cada eje motor equipado con neumáticos dobles. La MMA no puede exceder de 9,5 t	13	19
	36	Articulado cuatro ejes	Vehículo motor de dos ejes. Eje motor equipado con ruedas gemelas, suspensión neumática (o equivalente en la UE), semirremolque cuya distancia entre ejes sea superior a 1,8 m. MMA del vehículo motor: 18 t; MMA de un eje tándem del semirremolque: 20 t	12	24
	40	Articulado cinco o más ejes	Vehículo motor pesado con dos o tres ejes. Semirremolque de tres ejes	12	28
	40	Tren de carretera	Vehículo rígido y remolque	16	24

Fórmula

La **carga útil** es la carga que puede transportar un vehículo y resulta de calcular la fórmula:

Carga útil = MMA – tara.

Ejemplo

MMA = 40 t / tara tractora = 7 t / tara semirremolque = 9 t.

Solución:
40 t – 7 t – 9 t = 24 t.

¿Cuántos metros cúbicos útiles tiene un camión?

Para calcular la capacidad (m³) de un vehículo de transporte de carga es necesario multiplicar **el largo, ancho** y **alto** del interior de la zona de carga. No obstante, siempre hay que tener en cuenta la normativa de carga y tránsito de cada país.

Solución

Cálculo del volumen útil (m³)[1]		Ejemplo				
			Interior zona carga			
Vehículo de carga general no intermodal	Descripción	Exterior vehículo	Largo	Ancho	Alto	m³
	Vehículo rígido de dos ejes	12 × 4 × 2,5	6,5	2,48	2,6	42
	Vehículo rígido de tres ejes	12 × 4 × 2,5	8,6	2,48	2,7	58
	Vehículo rígido de cuatro ejes	12 × 4 × 2,5	9,5	2,48	2,7	64
	Vehículo motor de dos ejes y semirremolque de dos ejes	16,5 × 4 × 2,5	13,65	2,48	2,7	91
	Camión con lona *(tarpaulin* tráiler). Vehículo motor pesado con dos o tres ejes y semirremolque de tres ejes de rueda 80	16,5 × 4 × 2,5	13,65	2,48	2,7	91
	Tráiler *tautliner* (semimega). Vehículo motor pesado con dos o tres ejes y semirremolque de tres ejes de rueda 70	16,5 × 4 × 2,5	13,65	2,48	2,9	98
	Tráiler *megatautliner*. Vehículo motor pesado con dos o tres ejes y semirremolque de tres ejes de rueda 60	16,5 × 4 × 2,5	13,65	2,48	3	102
	Vehículo rígido y remolque	18,75 × 4 × 2,5	16,5	2,48	3	123

Fórmula

Volumen útil:

> V = largo × ancho × alto.

Ejemplo

V = largo (13,6) × ancho (2,48) × alto (3).

> Solución:
>
> V = 13,6 × 2,48 × 3 = 102,55 m³

[1] Capacidades (m³) máximas permitidas de los diferentes tipos de camiones en España. No se incluyen aquí transportes especiales, ni megacamiones de 60 t de MMA.
No siempre se aprovechan las dimensiones máximas. Son comunes vehículos más pequeños, como camiones rígidos, por ejemplo.

¿Cuántos metros cúbicos útiles tiene una furgoneta?

La gran variedad que existe de furgonetas se puede clasificar en las cinco familias que se indican en la tabla. El volumen útil es el resultado de multiplicar el **largo, ancho y alto** del interior. Aquí se presenta un ejemplo orientativo, pero el interior de las furgonetas suele presentar alguna irregularidad a la altura de las ruedas traseras; por lo tanto, habría que calcular el volumen general y luego restar el que ocupan parte de las ruedas (habitualmente es de 0,5 m³).

Ejemplo

| Cálculo del volumen útil (m³) | | Ejemplo | | | | | | |
| Tamaños orientativos de furgonetas | Descripción | Exterior vehículo | | | Interior zona carga | | | |
		Largo	Ancho	Alto	Largo	Ancho	Alto	m³
	Furgoneta pequeña	3,86	1,72	1,72	1,52	1,46	1,06	2,4
	Furgoneta monovolumen	4,6	1,7	1,89	2,3	1,63	1,28	4,8
	Furgón corto elevado	5,54	2,47	2,5	3,08	1,76	1,89	10,2
	Furgón largo elevado	6,94	1,93	2,7	4,3	1,78	1,94	14,8
	Furgoneta carrozada grande	5,5	2,4	3,2	4,5	2,1	2,12	20,0

¿Qué palés son los más utilizados y cuántos caben en cada tipo de camión?

Existen palés de diferentes dimensiones, con características adaptadas a distintas tipologías de cargas. Los palés que más se utilizan a escala internacional son:

Europalé	1.200 × 800 mm	Para alimentación (medio europalé)	800 × 600 mm
Americano, isopalé o universal[1]	1.000 × 1.200 mm	Otros	1.200 × 1.200 mm
Para la construcción	1.000 × 800 mm	Otros	1.219 × 1.016 mm

Solución

Para calcular cuántos palés caben en un tipo de camión es necesario fijar la forma de carga (transversal, longitudinal o combinada), dividir la longitud del camión entre la del palé en la posición adecuada y multiplicar el resultado por las filas posibles.

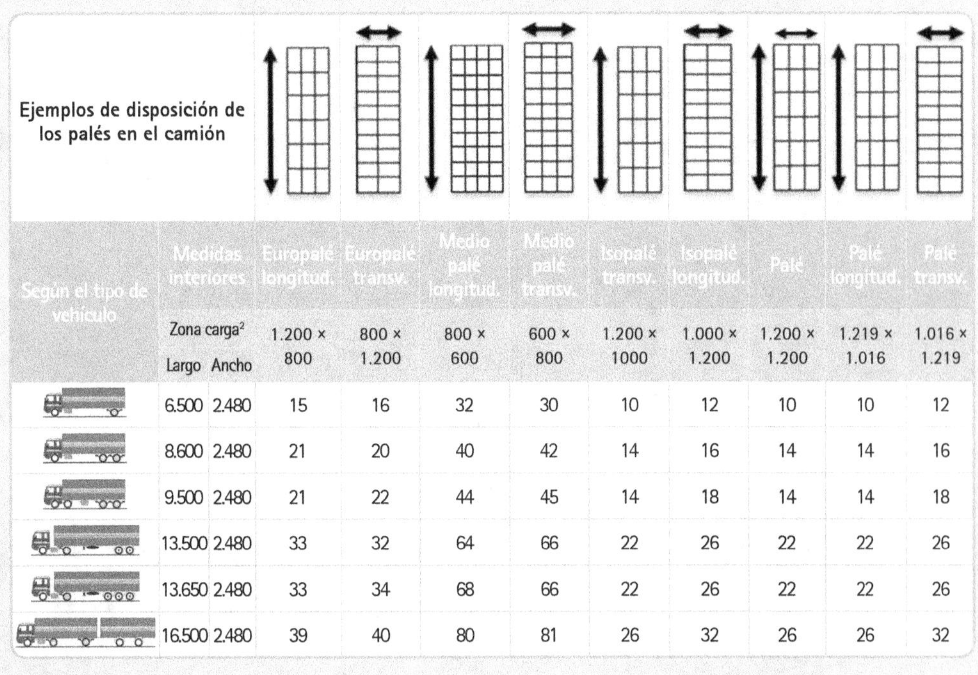

Ejemplos de disposición de los palés en el camión

Según el tipo de vehículo	Medidas interiores		Europalé longitud.	Europalé transv.	Medio palé longitud.	Medio palé transv.	Isopalé transv.	Isopalé longitud.	Palé	Palé longitud.	Palé transv.
	Zona carga[2]		1.200 × 800	800 × 1.200	800 × 600	600 × 800	1.200 × 1000	1.000 × 1.200	1.200 × 1.200	1.219 × 1.016	1.016 × 1.219
	Largo	Ancho									
	6.500	2.480	15	16	32	30	10	12	10	10	12
	8.600	2.480	21	20	40	42	14	16	14	14	16
	9.500	2.480	21	22	44	45	14	18	14	14	18
	13.500	2.480	33	32	64	66	22	26	22	22	26
	13.650	2.480	33	34	68	66	22	26	22	22	26
	16.500	2.480	39	40	80	81	26	32	26	26	32

 Para saber cuántos palés caben en un camión europeo, basta con dividir el largo del interior entre 0,4.

[1] Palé de cuatro entradas optimizado para el transporte en contenedores de 20' y 40'.
[2] Estas medidas toman como referencia la normativa aplicable en España.

Medidas externas de los contenedores ISO/EURO

Las dimensiones de los contenedores de transporte están reguladas por la norma ISO 6346.

En esta norma aparecen dos nomenclaturas:

- Tamaño ISO: define los contenedores en función de las medidas y el tipo.
- Grupo ISO: define los contenedores en función del uso.

Ejemplo

20' contenedor de plataforma / Tamaño ISO: 22 P8 / grupo ISO: 22 PC

Adicionalmente, existe un enorme parque de contenedores no estandarizados, principalmente fruto de navieras o empresas que han desarrollado soluciones específicas.

Tipos de contenedor	Largo		Alto	
	Pies	Milímetros	Pies	Milímetros
	53'	16.150	8' 6''	2.591
	49'	14.935	9' 6''	2.896
	2 × 24'	7.442	8' 6''	2.600
	48'	14.630	9' 6 1/2''	2.591
	45'	12.192	9' 6''	2.438
	43'	13.106,4	8' 6''	2.590,8
	40 ISO	12.192	8'	2.500
	40 EURO	12.192	8'	2.438
	35'	10.660	8'	2.438
	30'	9.125	8'	2.438
	24'	7.430	8'	2.438
	2 × 20'	6.058	8'	2.438

Características de los contenedores cerrados *(dry box)*

Disponen de dos puertas en un extremo. Se emplean para el transporte de carga seca y son los más utilizados.

Un TEU *(twenty equivalent unit)* es una unidad de medida que equivale a un contenedor de 20' de largo. Se emplea para calcular la capacidad de los buques portacontenedores y las terminales de contenedores y para hacer estadísticas de volúmenes.

Ejemplo

Tipo de contenedor	Contenedor estándar *(dry box)*								
	Capacidad y carga útil			Medidas internas			Medidas externas		
	Volumen	MMA	Peso vacío	Largo	Ancho	Alto	Largo	Ancho	Alto
Cerrado de 20'	33 m³	28.200 kg	2.280 kg	5,896 m	2,35 m	2,393 m	6,096 m	2,39 m	2,591 m
	1.165 pies³	62.170 lb	5.030 lb	19' 4 1/8"	7' 8 1/2"	7' 10 3/16"	20'	8'	8' 6"
Cerrado de 40'	67 m³	28.800 kg	3.700 kg	12,032 m	2,35 m	2,393 m	12,192 m	2,39 m	2,591 m
	2.366 pies³	63.493 lb	8.157 lb	39' 5 11/6"	7' 8 1/2"	7' 10 3/16"	40'	8'	8' 6"
Cerrado de 40' Alta capacidad *(high cube)*	76 m³	28.620 kg	3.880 kg	12,032 m	2,35 m	2,71 m	12,192 m	2,39 m	2,8961 m
	2.684 pies³	63.100 lb	8.554 lb	39' 5 11/16 "	7' 8 1/2"	8' 10 1/8"	40'	8'	9' 6"
Cerrado de 45' Alta capacidad *(high cube)*	85 m³	27.600 kg	4.900 kg	13,556 m	2,352 m	2,69 m	13,716 m	2,39 m	2,8961 m
	3.036 pies³	60.848 lb	10.803 lb	44' 5 11"	7' 89"	8' 103"	45'	8'	9' 6"

Características de los contenedores sin techo *(open top)*

Es similar al contenedor cerrado, pero la parte superior puede abrirse porque está cubierta por lonas u otros sistemas de cierre. Se emplea principalmente para mercancías que requieren carga o descarga por la parte superior mediante grúas u otros sistemas de elevación, lo que permite también que sobresalga la mercancía. En este caso, el contenedor deberá transportarse en la parte superior del buque.

Ejemplo

Tipo de contenedor	Contenedor sin techo *(open top)*								
	Capacidad y carga útil			Medidas internas			Medidas externas		
	Volumen	MMA	Peso vacío	Largo	Ancho	Alto	Largo	Ancho	Alto
Sin techo de 20'	31,74 m³	28.000 kg	2.280 kg	5,919 m	2,346 m	2,286 m	6,096 m	2,39 m	2,591 m
	1.120,88 pies³	62.128 lb	5.027 lb	19' 5''	7' 8 5/16''	7' 6''	20'	8'	8' 6''
Sin techo de 40'	64,39 m³	28.700 kg	4.000 kg	12,032 m	2,338 m	2,289 m	12,192 m	2,39 m	2,591 m
	2.273,91 pies³	63.272 lb	8.818 lb	39' 5 11/6''	7' 8''	7' 6 1/16''	40'	8'	8'6''
Sin techo de 40' Alta capacidad *(high cube)*	74,88 m³	26.480 kg	4.000 kg	12,032 m	2,348 m	2,65 m	12,192 m	2,438 m	2,8961 m
	2.643,86 pies³	58.377 lb	8.818 lb	39' 5 11/16 ''	7' 8 3/8''	8' 8 4/9''	40'	2,39'	9'6''

Características de los contenedores frigoríficos *(reefer)*

Permiten refrigerar (o congelar) las mercancías en su interior gracias a un sistema de refrigeración que debe abastecerse de corriente eléctrica, que toma del buque o de la terminal de contenedores. Habitualmente, la temperatura se mantiene en –25 ºC, aunque algunos modelos pueden alcanzar los –60 ºC.

Ejemplo

Tipo de contenedor	Capacidad y carga útil			Medidas internas			Medidas externas		
	Volumen	MMA	Peso vacío	Largo	Ancho	Alto	Largo	Ancho	Alto
Frigorífico de 20'	28,7 m³	30.480 kg	2.942 kg	5,535 m	2,284 m	2,224 m	6,096 m	2,39 m	2,591 m
	1.014 pies³	67.200 lb	6.490 lb	18' 1 7/8''	7' 5 7/8''	7' 3 1/2''	20'	8'	8'6''
Frigorífico de 40'	60 m³	34.000 kg	4.600 kg	11,563 m	2,294 m	2,161m	12,192 m	2,39 m	2,591m
	2.120 pies³	74.960 lb	10.140 lb	37' 11 1/4''	7' 6 1/4''	7' 1''	40'	8'	8'6''
Frigorífico de 40' Alta capacidad *(high cube)*	67,36 m³	34.000 kg	4.480 kg	11,58 m	2,29 m	2,402 m	12,192 m	2,39 m	2,8961 m
	2.380 pies³	74.960 lb	9.880 lb	37' 11 7/8''	7' 6 1/8''	7' 10 1/2''	40'	8'	9'6''

Ejemplos de contenedores frigoríficos: de atmósfera controlada, ventilados y superrefrigerantes. Es recomendable consultar a la naviera antes de realizar una carga, ya que podrían no caber los embalajes.

Características de los contenedores de plataforma *(flat rack)*

Carecen de laterales y techo, de manera que están formados únicamente por la base y las paredes frontal y posterior, que pueden ser rígidas o abatibles. Se usan principalmente para transportes especiales, y pueden unirse entre sí para soportar mercancías de gran volumen. Se disponen en una zona específica de los buques, ya que su estiba con el resto de unidades de carga suele ser complicada.

Ejemplo

Contenedor de plataforma *(flat rack container)*									
Tipo de contenedor	Capacidad y carga útil			Medidas internas			Medidas externas		
	Volumen	MMA	Peso vacío	Largo	Ancho	Alto	Largo	Ancho	Alto
Plataforma de 20'	33,3 m³	45.000 kg	2.900 kg	6,038 m	2,348 m	2,233 m	6,058 m	2,438 m	2,233 m
	1.175 pies³	99.200 lb	6.400 lb	19' 9 3/4"	8'	7' 3 7/8"	20'	8'	7' 3 7/8"
Plataforma de 40'	66,7 m³	26.740-26.850 kg	3.630-3.740 kg	12,03 m	2,345 m	2,4 m	12,192 m	2,438 m	2,591 m
	2.390 pies³	59.000	8.200	39' 6"	7' 8"	7' 10"	40'	8'	8' 6"
Plataforma de 40' Alta capacidad *(high cube)*	63,97 m³	55.000 kg	5.900 kg	12,04 m	2,347 m	2,264 m	12,192 m	2,438 m	2,264 m
	2.390 pies³	121.250 lb	12.900 lb	39'6 1/4"	7' 8 3/8"	7' 5 1/8"	40'	8'	7' 5 1/8"

Características de los contenedores de costado abierto (open side)

Son contenedores que disponen de aperturas por uno o ambos laterales. Normalmente se usan para cargas largas, que no pueden ser cargadas por la parte frontal. Son equipos poco habituales y suelen contratarse bajo petición, con elevados sobrecostos.

Ejemplo

Tipo de contenedor	Contenedor de costado abierto (open side container)								
	Capacidad y carga útil			Medidas internas			Medidas externas		
	Volumen	MMA	Peso vacío	Largo	Ancho	Alto	Largo	Ancho	Alto
Costado abierto de 20'	31 m³	24.160 kg	2.775 kg	5,898 m	2,278 m	2,299 m	6,058 m	2,438 m	2,5913 m
	1.095 pies³	52.910 lb	6.117 lb	19' 4"	7' 5 1/3"	7' 4"	20'	8'	8' 6"
Costado abierto de 40'	66,7 m³	26.700 kg	4.200 kg	12,032 m	2,345 m	2,4 m	12,192 m	2,438 m	2,591 m
	2.390 pies³	58.800	9.200	39' 5 11/6"	7' 8"	7' 10"	40'	8'	8' 6"
Costado abierto de 40' Alta capacidad (high cube)	71,48 m³	24.000 kg	5.700 kg	12,31 m	2,28 m	2,547 m	12,192 m	2,438 m	2,896 m
	2.524 pies³	52.910 lb	12.566 lb	39' 5"	7' 5"	8' 4"	40'	8'	9' 5 6"

Características de las plataformas de transporte

La estructura consiste en una única base sobre la que se coloca la mercancía. Son similares a los contenedores de plataforma, pero carecen de paredes frontales y posteriores. Sirven principalmente para cargas especiales y también pueden unirse para formar bases de gran tamaño para cargas voluminosas.

Ejemplo

Tipo de plataforma	Plataformas de transporte								
	Capacidad y carga útil			Medidas internas			Medidas externas		
	Volumen*	Carga útil	Peso vacío	Largo	Ancho	Alto*	Largo	Ancho	Alto*
 Plataforma de 20'	–	27800 kg	2.200 kg	5,9 m	2,39 m	–	6,058 m	2,438 m	–
		61.288 lb	4.850 lb	19' 4''	7'10''		20'	8'	
Plataforma de 40'	–	40.600 kg	4.400 kg	12,03 m	2,39 m	–	12,192 m	2,438 m	–
		89.507 lb	9.700 lb	39'6''	7'10''		40'	8'	

A pesar de su aparente sencillez, las plataformas no resultan más baratas que los contenedores.

Sobre ellas no puede cargarse mercancía remontada, por lo que solo pueden colocarse en la parte superior de una pila de contenedores o en zonas especialmente habilitadas para ello, lo que deja mucho espacio desaprovechado. Por este motivo, su utilización conlleva un costo elevado.

*Se debe consultar con la empresa transportista el volumen y la altura permitidos.

¿Qué es el código de identificación que aparece en la puerta de los contenedores?

La nomenclatura de los contenedores está regulada por la norma ISO 6346, que establece un sistema de identificación para cada contenedor. Este código está compuesto de:

- Código del propietario o **código BIC** *(Bureau International des Containers et du Transport Intermodal).*
- Letra de identificación del tipo de equipamiento.
- Número de serie.
- Dígito de comprobación.
- Código que establece las medidas y el tipo de contenedor.
- Código de país.
- Marcas de operación.

Codificación

1 **Código de propietario:** compuesto por tres letras mayúsculas que designan al propietario (o principal operador) del contenedor. Este código tiene que estar registrado en el BIC.

2 **Tipo de equipamiento:** se especifica con una estas tres letras:

- U: contenedores de uso corriente.
- J: equipos auxiliares adosables.
- Z: chasis o tráilers de transporte vial.

3 **Número de serie:** número correlativo.

4 **Dígito de comprobación:** mediante unos códigos se suman los números de serie y se comprueba que sea correcto.

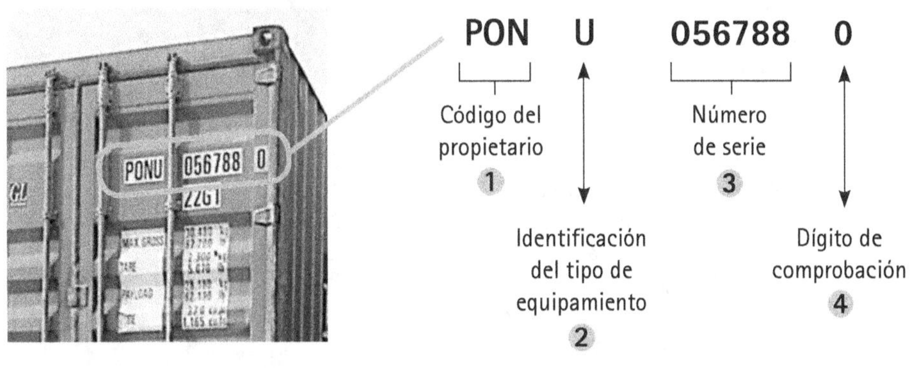

¿Cómo descifrar el código de identificación de los contenedores?

De acuerdo con la norma ISO 6346, en la puerta de los contenedores debe aparecer el **código de las dimensiones y el tipo,** que se compone de cuatro caracteres. Se puede decodificar a través de las tablas publicadas en dicha norma.

Codificación

1 Longitud

Código	Longitud
1	10'
2	20'
3	30'
4	40'
B	24'
C	24' 6"
G	41'
H	43'
L	45'
M	48'
N	49'

2 Anchura y altura

Código	Alto	Ancho
0	8'	8'
2	8' 6"	8'
4	9'	8'
5	9' 6"	8'
6	> 9' 6"	8'
8	4' 3"	8'
9	<= 4'	8'
C	8' 6"	2.348 mm < × < = 2.500 mm
D	9'	2.348 mm < × < = 2.500 mm
E	9' 6"	2.348 mm < × < = 2.500 mm
F	> 9' 6"	2.348 mm < × < = 2.500 mm

3 4 Tipo de contenedor

Letra
G = Generales
B = Graneles
H = Refrigerado con equipo extraíble o aislado
P = Plano
R = Refrigerados con equipo propio
S = Animales o automóviles
T = Tanques
U = Contenedor sin techo
V = Ventilados

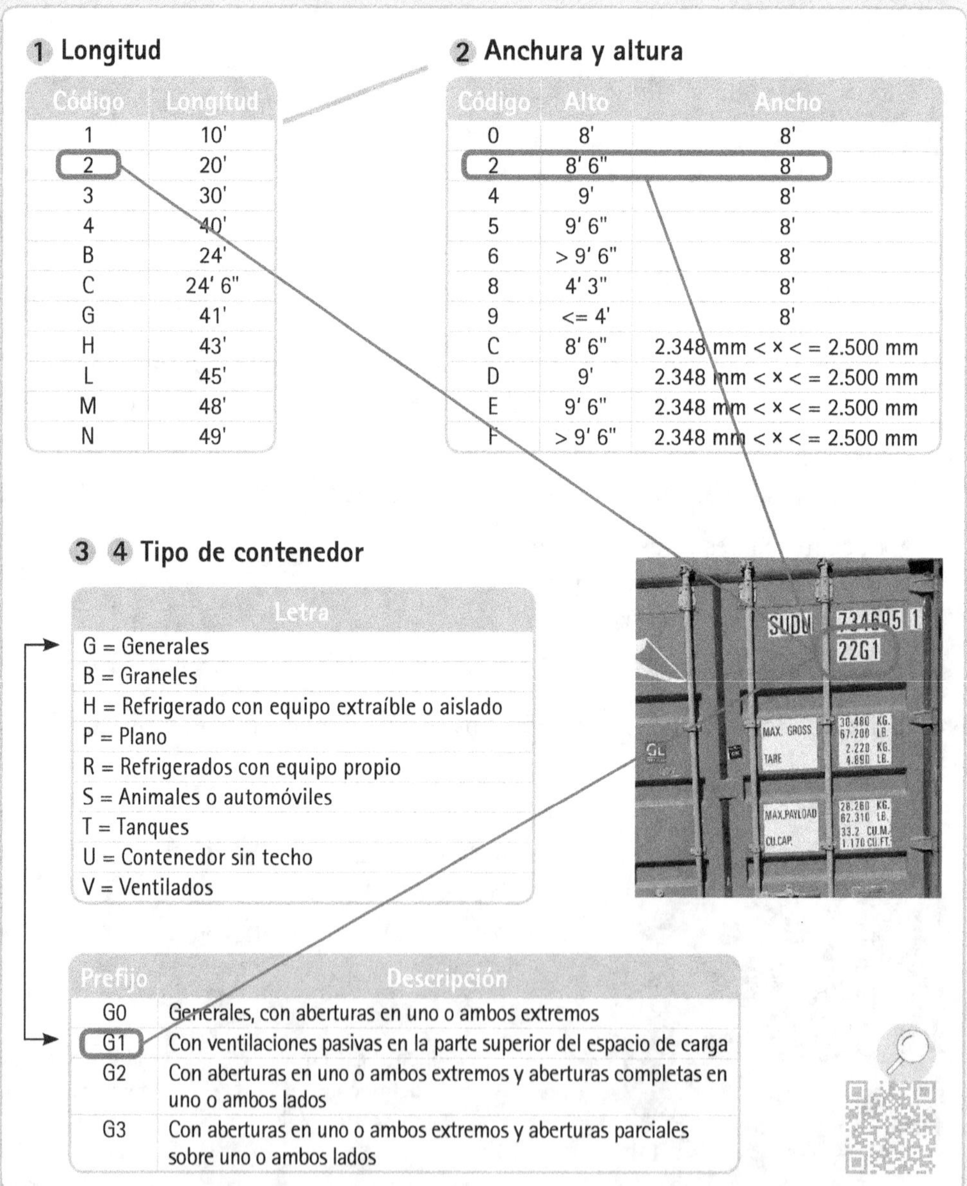

Prefijo	Descripción
G0	Generales, con aberturas en uno o ambos extremos
G1	Con ventilaciones pasivas en la parte superior del espacio de carga
G2	Con aberturas en uno o ambos extremos y aberturas completas en uno o ambos lados
G3	Con aberturas en uno o ambos extremos y aberturas parciales sobre uno o ambos lados

¿En qué orden se deben transmitir las medidas para el envío de un bulto?

En un departamento de logística, algunas de las actividades diarias más recurrentes son la petición de cotizaciones o la emisión de órdenes de carga para el envío de paquetes y palés. Es habitual que surjan dudas sobre cómo transmitir la información de las medidas.

Aunque no hay una norma escrita, por uso y costumbre, las medidas se transmiten en este orden:

largo (L) × ancho (B) × alto (H)

Ejemplo

Como se ve en el ejemplo, la forma del bulto cambiaría si el orden de la información se presentara de otro modo.

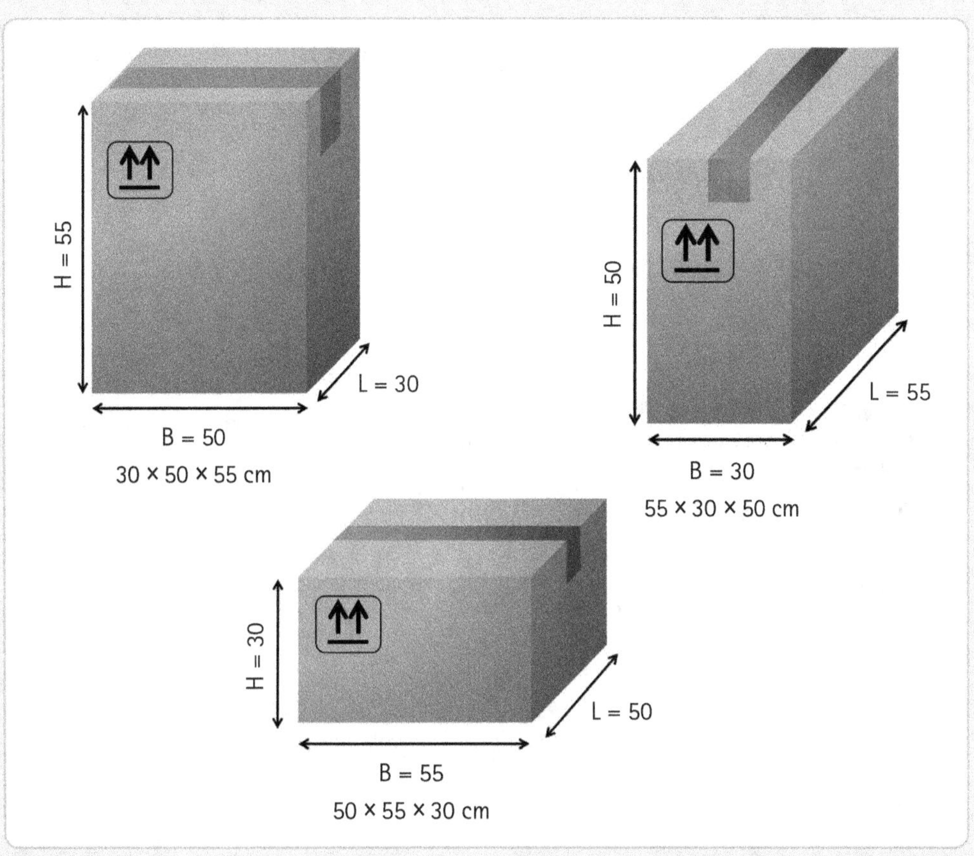

¿Qué es el peso volumétrico y cómo se calcula?

Es un factor corrector que se aplica para el transporte de aquellos bultos que tienen poco peso y mucho volumen. También se conoce como factor de estiba. Sin este factor, podría darse el caso de ocupar un gran volumen por un precio muy bajo.

Su propósito es comercial y no tiene un fundamento físico que permita estandarizar el cálculo. Para calcularlo, cada medio de transporte tiene unos factores propios y muchas compañías establecen sus propios límites.

El **peso facturable** es el mayor entre el peso real y el peso volumétrico.

Si sobre un bulto no se puede remontar nada o si supera una determinada altura, es posible que la compañía exija el cobro de todo el espacio que quede sobre él.

Solución

$$\text{Peso volumétrico (kg) / UE} = \frac{[\text{largo (L)} \times \text{ancho (B)} \times \text{alto (H)}]\ \text{cm}}{5.000}$$

$$\text{Peso volumétrico (kg) / fuera UE} = \frac{[\text{largo (L)} \times \text{ancho (B)} \times \text{alto (H)}]\ \text{cm}}{6.000}$$

$$\text{Peso volumétrico (kg)} = \frac{[\text{largo (L)} \times \text{ancho (B)} \times \text{alto (H)}]\ \text{pulgadas}}{305}$$

$$\text{Peso volumétrico (lb)} = \frac{[\text{largo (L)} \times \text{ancho (B)} \times \text{alto (H)}]\ \text{pulgadas}}{166}$$

Otra fórmula muy utilizada es: $1\ m^3 = 167\ kg$

Peso volumétrico internacional (kg) =
[largo (L) × ancho (B) × alto (H)] cm × 270 kg

Peso volumétrico internacional (kg) =
[largo (L) × ancho (B) × alto (H)] cm × 333 kg

$1\ m^3 = 1.000\ kg$

¿Cómo elegir el canal de transporte por carretera adecuado para un envío?

En el transporte por carretera existe una muy amplia tipología de servicios.

Elegir el canal adecuado puede suponer una importante diferencia de costo, ya que cada canal dispone de sistemas y vehículos especializados en un tramo de la cadena de transporte.

Aunque depende de los recursos técnicos y de las políticas comerciales de cada empresa transportista, partiendo del peso y del volumen del envío se puede elegir el canal más adecuado.

Si el envío es voluminoso y de poco peso, se debe multiplicar el volumen de metros cúbicos por 333 kg.

Ejemplo: 1,2 m^3 = 399,6 kg.

Tipología

Transporte terrestre	kg	Vehículos
Mensajería	Hasta 20	
Mensajería urgente / *Courier*	Hasta 20	
Paquetería	De 5 a 1.000	
Mercancía paletizada	De 50 a 6.000	
Grupaje	De 6.000 a 20.000	
Carga completa general	De 20.000 a 25.000	
Portacontenedores	De 5.000 a 25.000	
Transportes especiales	De 20.000 a 100.000	
Transporte de mercancías peligrosas	De 2.000 a 33.000	

¿Qué servicio ofrece cada tipo de buque portacontenedor?

Los diferentes tipos de buques portacontenedores poseen características que los capacitan para rutas marítimas y puertos específicos. Así, los grandes buques con capacidad de hasta 20.000 TEU cubren rutas transoceánicas entre puertos concentradores o *hub*, mientras que los buques alimentadores o *feeder*, realizan tráficos dentro de una misma área geográfica, mediante navegación de cabotaje. Estas son las principales tipologías de buques portacontenedores:

- Los *feeder*, utilizados para transportar mercancías hacia puertos *hub*.
- Los *panamax* y *new panamax* se destinan a servicios de media distancia.
- Los *new panamax* y *malaccamax* se utilizan para servicios transoceánicos o de larga distancia.

Tipología

Tipo		Capacidad (TEU)	Eslora (m)	Manga (m)	Calado (m)
Small feeder		De 100 a 500	De 90 a 200	De 15 a 28	De 7 a 10
Handy/feeder		De 500 a 2.500	De 200 a 250	De 28 a 30	De 10 a 11
Panamax		De 2.500 a 4.000	De 250 a 295	De 30 a 32,25	De 11 a 13,45
Post panamax		De 4.000 a 5.000	De 275 a 305	Hasta 40	De 11 a 13
Post panamax plus		De 5.000 a 8.000	Hasta 335	Hasta 42	De 13 a 14
New panamax		De 8.000 a 14.000	De 335 a 400	De 40 a 51	De 14 a 16
Malaccamax		De 14.000 a 20.000	De 400 a 472	De 49 a 60	De 15,5 a 18

Los primeros contenedores datan de la década de 1950, y dieron lugar a los buques portacontenedores. Debido a la internacionalización de este sistema de transporte de mercancías se construyeron buques de mayor capacidad, como el tipo *panamax* (que se ajusta a las medidas para el tránsito por el canal de Panamá) o el *malaccamax* (que puede navegar por el estrecho de Malaca).

¿Qué fórmulas de contratación se negocian para la carga en buques graneleros?

Los buques graneleros están dotados de bodegas de carga para el transporte de mercancía seca a granel por vías navegables. Sus servicios se organizan en líneas regulares, como los buques portacontenedores, o bajo pedido, sin ruta fija ni fletes uniformes *(tramping).*

Solución

Se puede contratar el buque completo o parte de él, para cargas parciales, en cuyo caso la naviera calculará el flete según las toneladas y los metros cúbicos que le avance la empresa cargadora.

Es necesario definir el tipo de servicios que se quiere contratar (carga, descarga, estiba, almacenamiento, etc.) indicando uno de estos términos de fletamento:

- **Flete básico:** solo incluye el transporte entre puertos.
- **Condiciones de línea regular o** *liner terms:* flete y operaciones de carga, estiba, desestiba y descarga.
- **FI** *(free in):* flete y operaciones de estiba y descarga. No incluye la carga.
- **FIOST** *(free in and out, stowed and trimmed):* flete y operaciones de estiba y descarga. No incluye la carga ni el trimado.
- **FIOS** *(free in and out and stowed):* flete sin operaciones de carga, descarga y estiba.
- **FILO** *(free in, liner out):* flete y descarga. No incluye la carga.
- **FISLO** *(free in and stowed, liner out):* flete y descarga. No incluye la carga ni la estiba.
- **LIFO** *(liner in, free out):* flete y carga. No incluye la descarga.
- **Flete** *all in:* flete y todas las operaciones de embarque o desembarque, estiba o desestiba y tracción hasta la terminal o el almacén.

¿Qué son las autopistas del mar y cómo se utilizan?

Son rutas marítimas de corta distancia *(short sea shipping)* que ofrecen un servicio regular de transporte para contenedores, graneles o mercancías sobre medios rodantes (ro-ro). Su función es incrementar la agilidad de los tráficos marítimos y reducir el transporte terrestre.

Ventajas

- Generalmente, son más económicas que la carretera.
- Se puede circular en días vetados a la circulación por carretera.
- Se pueden transportar cargas rodadas sin necesidad de conductor, para recogerlas en destino con otro vehículo.
- Ahorran las dietas del personal que conduce los vehículos.
- Facilitan la circulación de mercancías peligrosas y cargas especiales.
- Permiten no someterse a algunas regulaciones restrictivas de peso en carretera en países intermedios.

Aplicaciones

- Si se usa transporte terrestre de forma habitual entre países, conviene conocer qué puertos de salida y servicios de autopistas del mar hay próximos.
- Se pueden conocer las salidas y las condiciones de las rutas a través de la web de las autoridades portuarias y de empresas transitarias o transportistas.
- Al negociar las condiciones de contratación con el porteador conviene consultar si hay que modificar el seguro sobre la carga.
- Finalmente, se realiza la carga y se hace el seguimiento *(track and trace)* anotando los puntos de llegada y salida de puerto.

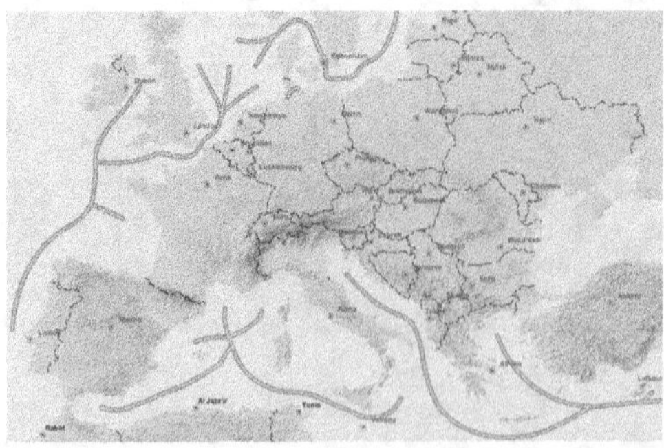

¿Qué son las autopistas ferroviarias y cómo se utilizan?

Se trata de un sistema de transporte ferroviario que permite cargar camiones, cajas móviles o semirremolques sobre vagones plataforma o canguro y transportarlos en unos itinerarios y periodos regulares.

Ventajas

Son las mismas que para las rutas marítimas, añadiendo que las autopistas ferroviarias permiten llegar a múltiples puntos interiores y que el volumen mínimo para sostenerlas económicamente es menor.

Aplicaciones

Las autopistas ferroviarias se pueden contratar para viajes esporádicos (similar a comprar un billete de tren) o para tráficos regulares, pactando condiciones específicas entre la empresa cargadora, la que realiza el transporte por carretera y la operadora ferroviaria.

Una vez decidido su uso, la empresa cargadora y la transportista deben organizar adecuadamente los horarios de carga y ruta, ya que el único posible inconveniente de este sistema frente al transporte por carretera es que hay que llegar a tiempo para la salida programada.

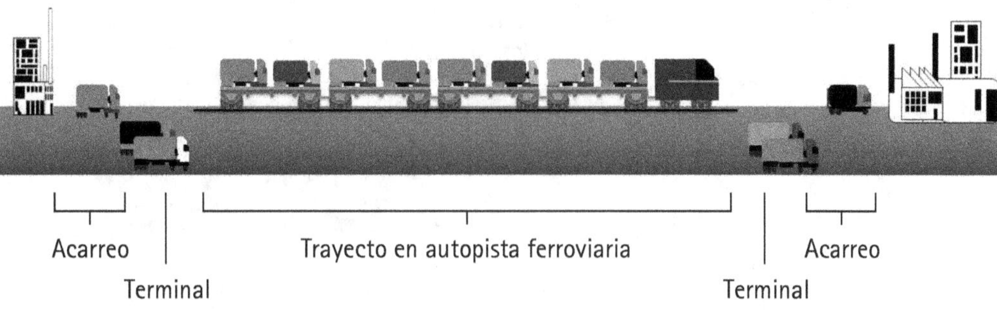

Las autopistas ferroviarias son especialmente rentables a partir de los 650 km de distancia recorrida y si el servicio es sin conductor acompañante.

¿Qué tipos de vagones ferroviarios hay y cómo elegir el adecuado?

Están regulados por la clasificación de la Unión Internacional de Ferrocarriles (UIC) y recogidos en varias normas, principalmente las UIC 571-1 a 571-4, que definen trece tipos de vagones.

Cada tipo tiene un propósito diferente y debe elegirse en función de:

1 Naturaleza de la mercancía.
2 Optimización del peso.
3 Protección exigida.
4 Regulación legal.
5 Precio.

El transporte de contenedores no tiene una clase especial en la UIC; se suele incluir en la clase S.

Tipología

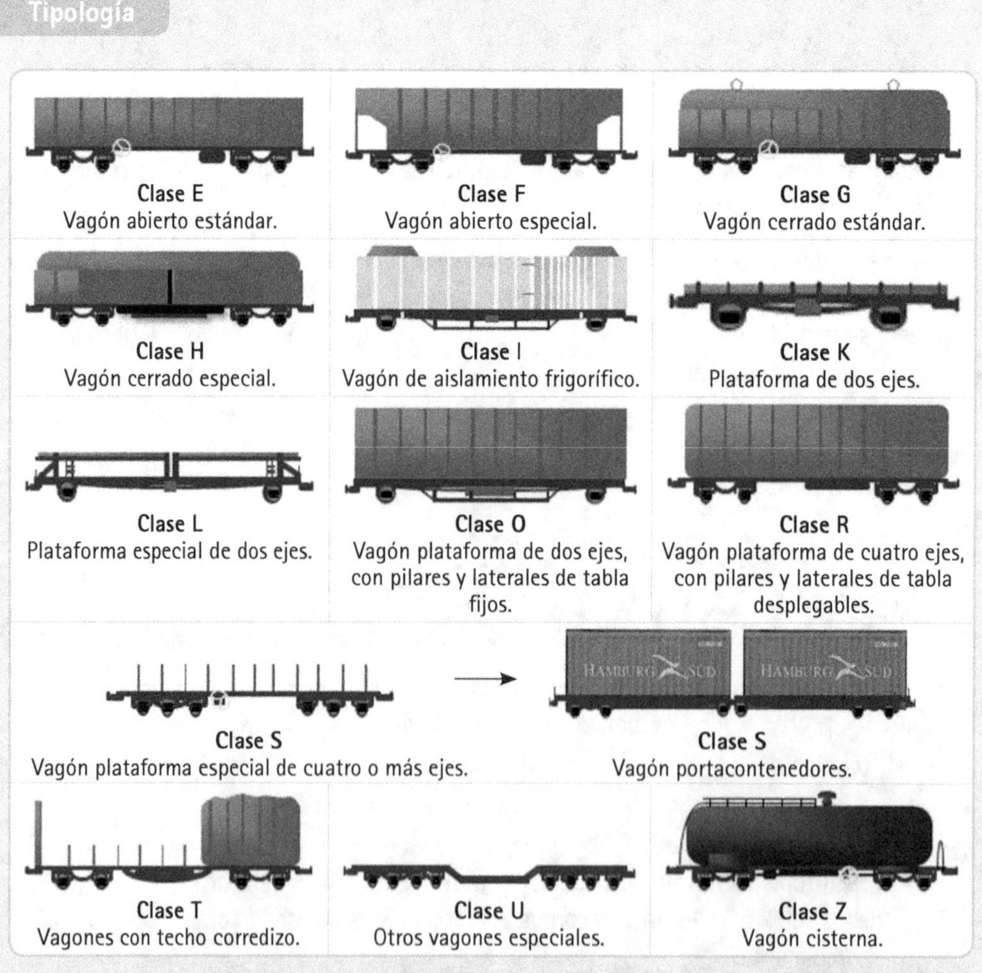

Clase E
Vagón abierto estándar.

Clase F
Vagón abierto especial.

Clase G
Vagón cerrado estándar.

Clase H
Vagón cerrado especial.

Clase I
Vagón de aislamiento frigorífico.

Clase K
Plataforma de dos ejes.

Clase L
Plataforma especial de dos ejes.

Clase O
Vagón plataforma de dos ejes, con pilares y laterales de tabla fijos.

Clase R
Vagón plataforma de cuatro ejes, con pilares y laterales de tabla desplegables.

Clase S
Vagón plataforma especial de cuatro o más ejes.

Clase S
Vagón portacontenedores.

Clase T
Vagones con techo corredizo.

Clase U
Otros vagones especiales.

Clase Z
Vagón cisterna.

¿Qué son las ULD tipo contenedor y cuáles son sus medidas?

ULD es el acrónimo de *united load device* o elemento unitario de carga,
que comprende los contenedores y palés que se emplean para formar unidades
de carga en el transporte aéreo de mercancías. Se pueden identificar por el tipo
(LD-1 o M2, por ejemplo) o por un código formado por tres letras.

Tipología

Tipo de ULD		Nombre	Capacidad y carga útil			Medidas internas		
			Volumen útil (m³)	Tara (kg)	Peso máximo (kg)	Largo (cm)	Ancho (cm)	Alto (cm)
	Contenedor AKC perfilado	LD-1	5	70 a 170	1.588	153	156	163
	Contenedor DPE perfilado	LD-2	3,4	92	1.225	153	119	163
	Contenedor AKE	LD-3	4,5	82	1.588	153	156	163
	Contenedor AMU / base P6P	LD-39	15,9	290	5.035	472	243	163
	Contenedor ALP rectangular	LD-4	5,5	120	2.449	243,8	153	164
	Contenedor ALF perfilado	LD-6	9,1	230	3.175	153	318	163
	Contenedor AMP	AMP	10,8	340	4.625	317	248	163
	Contenedor DFQ	LD-8	6,88	127	2.450	153	244	163
	Contenedor AAP / base P1P	LD-9	10,8	270	6.000	317	223	163
	Contenedor AMA / base P6P	M1	17,7	350	6.804	317	243	243
	Contenedor AGA 20'	M2	33,7	1.000	11.340	605	243	243
	Contenedor RKN refrigerado	LD-3 reefer	4,5	210	1.588	200	153	163

Aunque la mayor parte de ULD están tipificadas por la International Air
Transport Association (IATA), muchas compañías aéreas gestionan otras
adaptadas a sus aeronaves o a mercancías específicas.

¿Qué son las ULD tipo palé y cuáles son sus medidas?

Los palés son muy usados en los aviones de carga, en sus múltiples formatos. Suelen ser plataformas metálicas a las que se sujeta la mercancía mediante redes o sistemas de trincaje homologados para este tipo de envíos.

Tipología

Tipo de ULD		Nombre	Capacidad y carga útil			Medidas exterior		
			Volumen útil (m³)	Tara (kg)	Peso máximo (kg)	Largo (cm)	Ancho (cm)	Alto (cm)
	PLA medio palé 60,4'	PLA	7,1	91	3.175	317	153	163
	PNA 767 medio palé	PNA 767	5,5	83	2.449	243	163	163
	PRA 16' palé plataforma *twin car*	M6	2 cars	130	8.900	497	243	
	PMC / P6P palé 96" × 125"	PMC	10,3	110	6.800	317	243	163
	Palé PMC / MD contour A	PMC – 2Q	17	110	6.804	317	243	243
	Palé 96" × 238,5" / 20'/ P7E	PGF / PGE	33,3	400	13.608	606	243	243
	Palé A 320 / A 321	PKC	3,5	55	1.135	153	153	114
	Palé P1P 88" × 125"	PAG / P1	9,7	110	6.033	317	223	162
	PARA 16' palé con red	MDP	27,6	410	11.300	497	243	243
	Palé con estabilizadores UAP	UAP	10,5	195	4.625	317	223	155
	Palé con estabilizadores BAV	BAV	7,06	195	4.625	317	223	100
	Palé con estabilizadores UMC	UMC	11,5	195	4.625	317	244	155

**Manual de estrategia
de operaciones**
Ángel Caja Corral

**Técnicas logísticas
para innovar planificar
y gestionar. Aurum 1**
Luis Carlos Hernández Barrueco

**Logística urbana. Manual
para operadores logísticos
y administraciones públicas**
Ignasi Ragàs

**Almacenes y centros
de distribución Manual
para optimizar procesos
y operaciones**
Diego Luis Saldarriaga Restrepo

**Técnicas para ahorrar
costos logísticos. Aurum 2**
Luis Carlos Hernández Barrueco

Centros logísticos
Ignasi Ragàs

**Cadena de suministro 4.0.
Beneficios y retos de las
tecnologías disruptivas**
Alberto Tundidor

**Manual de prevención
de riesgos laborales**
Blas Gómez

Soluciones logísticas
Francisco Álvarez Ochoa

Manual de gestión de almacenes

Sergi Flamarique

Normativa de estiba en carretera. Claves, soluciones y modelos para estibar y trincar cargas

Eva María Hernández Ramos

Manual del transporte en contenedor

Jaime Rodrigo de Larrucea

Lean Energy 4.0. Guía de Implementación

Luis Socconini, Juan Pablo Martín

Manual del transporte de mercancías

Jaime Mira, David Soler

Estiba y trincaje de las mercancías en contenedor

Francisco Fernández Sasiaín

Manual del comercio electrónico

Eva María Hernández Ramos, Luis Carlos Hernández Barrueco

Transporte marítimo de mercancías. Los elementos clave, los contratos y los seguros

Rosa Romero, Alfons Esteve

Manual de gestión aduanera. Normativas y procedimientos clave del comercio internacional

Pedro Coll

València, 558 – 08026 Barcelona – Tel. +34-931 429 486 – marge@margebooks.com – www.margebooks.com

www.ingramcontent.com/pod-product-compliance
Lightning Source LLC
LaVergne TN
LVHW060354200726
843506LV00003B/219